COLLECTION DE

DOCUMENTS BIBLIOGRAPHIQUES.

Ce volume est tiré à 3oo exemplaires.

Plus :

5o ex. numérotés sur grand papier de Hollande. . 8 fr.

I — peau de vélin . , ... »

15 — papier de Chine . . . . . 15 fr.

15 — — chamois . . . . . 1o fr.

Chacun des exemplaires de ces trois derniers tirages contient trois épreuves de couleur différente de l'eau-forte

VICTOR HUGO
A DE VIGNY
J JANIN
E. FG
V F

ALEX DUMAS - MERIMEE
TH. GAUTIER
FELIX ARVERS
A. BERTRAND

PETRUS
BOREL
...TAN

BIBLIOTHEQUE ROMANTIQUE

ULRIC GUTTINGUE
CHARLES D'OVALLE

PETRUS D'ESTOURBE
H. CABANE

CELESTIN NANTEUIL 1866

RENE PINCEBOURDE Editeur

Imp A. Salmon Paris

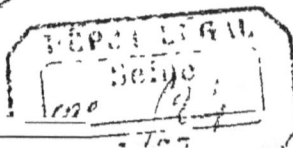

MÉLANGES

TIRÉS D'UNE PETITE

BIBLIOTHÈQUE ROMANTIQUE

Bibliographie anecdotique et pittoresque
des éditions originales des œuvres de
Victor Hugo, — Alexandre Dumas, — Théophile Gautier
Pétrus Borel, — Alfred de Vigny, — Prosper Mérimée
etc., etc., etc.

PAR

CHARLES ASSELINEAU.

ILLUSTRÉS D'UN FRONTISPICE A L'EAU-FORTE DE CÉLESTIN NANTEUIL
ET DE VERS
DE MM. THÉODORE DE BANVILLE ET CHARLES BAUDELAIRE.

PARIS
CHEZ RENÉ PINCEBOURDE, ÉDITEUR
A LA LIBRAIRIE RICHELIEU
78, RUE RICHELIEU

M DCCC LXVI

L'AUBE ROMANTIQUE.

Mil huit cent trente ! Aurore
Qui m'éblouis encore,
Promesse du destin,
    Riant matin !

Aube où le soleil plonge !
Quelquefois un beau songe
Me rend l'éclat vermeil
    De ton réveil.

Jetant ta pourpre rose
En notre ciel morose,
Tu parais, et la nuit
    Soudain s'enfuit.

La nymphe Poésie
Aux cheveux d'ambroisie,
Avec son art subtil
    Revient d'exil ;

L'Ode chante, le Drame
Ourdit sa riche trame ;
L'harmonieux Sonnet
Déjà renaît.

Ici rugit Shakespeare,
Là Pétrarque soupire ;
Horace bon garçon
Dit sa chanson,

Et Ronsard son poème,
Et l'on retrouve même
L'art farouche et naïf
Du vieux Baïf.

Tout joyeux, du Cocyte
Rabelais ressuscite,
Pour donner au roman
Un talisman,

Et l'amoureuse fièvre
Qui rougit notre lèvre
Défend même au journal
D'être banal !

La grande Architecture,
Prière sainte et pure
De l'art matériel,
Regarde au ciel ;

La Sculpture modèle
Des saints au cœur fidèle

Pareils aux lys vêtus
  De leurs vertus,

Et la Musique emporte
Notre âme par la porte
Des chants délicieux
  Au fond des cieux.

O grand combat sublime
Du Luth et de la Rime !
Renouveau triomphal
  De l'Idéal !

Hugo, sombre, dédie
Sa morne tragédie
Aux grands cœur désolés,
  Aux exilés,

A la souffrance, au rêve.
Il embrasse, il relève,
  Et Marion, hélas !
    Et toi, Ruy-Blas.

Et déjà, comme exemple,
David, qui le contemple,
Met sur son front guerrier
  Le noir laurier.

George Sand ouvre l'âme
Tremblante de la femme,
Musset, beau cygne errant,
  Chante en pleurant ;

Balzac, superbe, mène
La Comédie Humaine
Et nous fait voir à nu
    L'homme ingénu ;

Pour le luth Sainte-Beuve
Trouve une corde neuve ;
Barbier lance en grondant
    L'Iambe ardent ;

La plainte de Valmore
Pleure et s'exhale encore
En sanglots plus amers
    Que ceux des mers,

Et, sur un mont sauvage,
L'Art jaloux donne au sage
Théophile Gautier
    Le monde entier !

En ces beaux jours de jeûne.
Karr a plus d'amour jeune
Qu'un vieux Rotschild pensif
    N'a d'or massif.

De sa voix attendrie
Gérard dit la féerie
Et le songe riant
    De l'Orient ;

Les Deschamps, voix jumelles
Chantent : l'un a des ailes,

L'autre parle à l'écho
  De Roméo.

Frédérick ploie et mène
En tyran Melpomène
Et la grande Dorval
  L'a pour rival ;

Berlioz, qui nous étonne ,
Avec l'orage tonne,
Et parle dans l'éclair
  A Meyerbeer ;

Préault, d'un doigt fantasque,
Fait trembler sur un masque
L'immortelle pâleur
  De la Douleur,

Tandis qu'à chaque livre
Johannot d'amour ivre,
Prête un rêve nouveau
  De son cerveau.

Pour Boulanger qui l'aime,
Facile, et venant même
Baiser au front Nanteuil
  Dans son fauteuil,

La Peinture en extase
Donne la chrysoprase
Et le rubis des rois
  A Delacroix.

Daumier trouve l'étrange
Crayon de Michel-Ange
— Noble vol impuni ! —
　Et Gavarni

Suit en amant la trace
De l'amoureuse Grâce
Qu'à l'Esprit maria
　Dévéria !

Mais, hélas ! où m'emporte
Le songe ? Elle est bien morte
L'époque où nous voyions
　Tant de rayons !

Où sont-ils ? les poètes
Qui nous faisaient des fêtes,
Ces vaillants, ces grands cœurs
　Tous ces vainqueurs,

Ces soldats, ces apôtres ?
Les uns sont morts. Les autres,
Du repos envieux,
　Sont déjà vieux.

Leur histoire si grande
N'est plus qu'une légende
Qu'autour du foyer noir
　On dit le soir,

Et ce collier illustre
Qu'à présent touche un rustre,

Sème ses grains épars
De toutes parts.

Hamlet, qu'on abandonne
Est seul et sans couronne
Même dans Elseneur :
Adieu l'honneur

De l'âge romantique,
Mais de la chaîne antique
Garde-nous chaque anneau,
Asselineau !

Comme le vieil Homère
Savamment énumère
Les princes, les vassaux
Et leurs vaisseaux,

Redis-nous cette guerre !
Les livres faits naguère
Selon le rituel
De Renduel,

Fais-les voir à la file !
Jusqu'au Bibliophile
Montrant page et bourrel,
Jusqu'à Borel;

Car tu sais leur histoire
Si bien, que ta mémoire
N'a pas même failli
Pour Lassailly.

Dis-nous mil huit cent trente,
Époque fulgurante,
Ses luttes, ses ardeurs
    Et les splendeurs

De cette apocalypse,
Que maintenant éclipse
Le puissant coryza
    De Thérésa !

Car il est beau de dire
A notre âge en délire
Courbé sur des écus :
    « Gloire aux vaincus ! »

Envahi par le lierre,
Le château pierre à pierre
Tombe et s'écroule; mais
    Rien n'a jamais

Dompté le fanatisme
Du bon vieux Romantisme,
De ce titan du Rhin
    Au cœur d'airain.

THÉODORE DE BANVILLE.

21 Juillet 1866.

Voici un livre qui s'est fait tout seul. Certes, je ne me doutais pas en écrivant ces notes au hasard de la découverte et pour le seul soulagement de ma mémoire, qu'elles seraient jamais jugées dignes d'être réunies, coordónnées et livrées au public.

Il s'est cependant trouvé un jour que, sans y penser, j'avais dressé la chronique d'une période de l'histoire des livres au XIXᵉ siècle.

Expliquons-nous. Toutes les grandes époques littéraires ont eu un contre-coup dans l'art de fabriquer les livres et de les orner. Notre Renaissance poétique du XVIᵉ siècle a eu les impressions italiques de Robert Estienne ; les écrivains du cycle de Richelieu ont eu l'in-quarto majestueux de Gourbé et de Sommaville, les portraits de Thomas de Leu, de Léonard Gaultier et de Claude Mellan ; le règne de Louis XIV a trouvé Barbou et Barbin, Edelinek, Nanteuil, Romyn de Hooghe et Bernart Picart ; le charmant groupe des conteurs ironiques du XVIIIᵉ siècle, des Dorat, des Caylus et des Hamilton, nous a valu les délicieux frontispices de Marilier, de Gravelot, d'Eisen, de Moreau le jeune et de Saint-Aubin. Eh bien, l'Ecole Romantique a eu l'in-octavo de Gosselin et de Renduel, les impressions d'Everat ; elle a eu les eaux-fortes de Célestin Nanteuil, les vignettes de Johannot, de Deveria et de Jean Gigoux, et la gravure sur bois restaurée par Thompson et Porret.

Et quant à moi, je n'aurais pas d'autres preuves de la grandeur réelle et légitime du mouvement littéraire de mil huit cent trente, que cet essor nouveau donné à la librairie et aux arts qui en rélèvent, que j'y croirais déjà. Inutile de dire que j'en ai quelques autres.

Ces éditions originales sont déjà recherchées, et méritaient de l'être, comme monument d'un temps qui, indépendamment du génie des maîtres qui l'ont illustré, eut un goût, des ambitions, une physionomie bien à lui. Quelques-uns des livres publiés à cette époque ont été réédités depuis lors à plus grands frais et avec un plus grand luxe. Les dernières éditions, quelques soins et quelque argent qu'elles aient coûté, auront-elles dans l'avenir plus de prix que les premières? Je ne le crois pas. Il y a vingt ou vingt-cinq ans le libraire Perrotin a donné une splendide édition Keepsake de *Notre-Dame de Paris*, enrichie de gravures sur acier d'après les compositions des premiers artistes contemporains. Croit-on que cette édition magnifique ait jamais pour un amateur intelligent et lettré l'intérêt et la saveur des quatre volumes in-douze publiés en 1831 par Gosselin, imprimés par Cosson, et dont les yeux qui ont bonne mémoire peuvent voir encore la couverture jaune de chrôme décorée en guise de fleuron de la tête de Quasimodo encadrée dans la lucarne de la grande salle du Palais?

Il n'était pas dès à présent inutile de cataloguer ces éditions princeps empreintes de la fraîcheur des premières inspirations. D'ailleurs, la plupart, tirées à petit nombre, sont devenues rares, — quelques-uns introuvables, — par la grâce du cabinet de lecture et du bouquiniste. Les exemplaires moisissaient sur les quais il y a vingt ans, lorsque par piété littéraire je commençai à les recueillir. Tel volume que j'ai ramassé dans la case à cinq sous, — que n'ai-je pu les ramasser tous! — se cote actuellement dix et quinze francs sur les bulletins de librairie. Et en vérité il n'était que temps de se mettre en quête. Le soleil, la pluie, la poussière, le pouce des portières et des femmes de chambre ont bien vîte raison d'un livre, voire d'une édition toute entière. Les estampes arrachées des volumes se sont fanées dans l'alcôve des grisettes et dans le pupitre des écoliers. Aussi, je le déclare, trouver un exemplaire de ce temps-là en bon état, épargné par le ciseau des cartonniers, et pourvu de ses vignettes est un vrai quine à la loterie, surtout depuis que de certains amateurs à qui j'ai montré l'exemple — je puis le dire sans me vanter — se sont jetés sur le gibier romantique.

Ce livre est donc avant tout un catalogue : je dirai même qu'il n'est que cela. S'il n'en a pas gardé le titre et la forme exacte, c'est que nécessairement il a dû en dépasser les proportions.

Quelques-uns de mes chers romantiques sont aujourd'hui un peu bien oubliés. Il fallait justifier mes préférences et montrer l'auteur en même temps que le livre. Ainsi s'explique l'inégalité des notices consacrées aux divers auteurs catalogués. Je n'avais rien à révéler sur Victor Hugo, Dumas, Théophile Gautier, Jules Janin, De Vigny, presque rien même sur Pétrus Borel; j'avais tout à dire de Fontanay, d'Arvers, d'Ernest

Fouinet, d'Eusèbe de Salles et de Philothée O'Neddy.

Peut-être me dira-t-on qu'il y avait mieux à faire, et qu'au lieu d'une série de portraits inégaux de faire et de dimension, on pouvait essayer un tableau d'histoire. A cela j'aurais plusieurs réponses à faire, dont une qui les résume toutes : c'est qu'écrire l'histoire de l'Ecole Romantique, ce serait écrire l'histoire de la littérature du dix-neuvième siècle.

Il y a encore des gens qui imaginent que le Romantisme a été un accident, une *catastrophe*, comme on l'a dit de la révolution de quarante-huit; une parenthèse regrettable ouverte dans le cours naturel et glorieux de notre littérature, une invasion des barbares un instant subie et heureusement repoussée.

La seule objection à faire à ce raisonnement, c'est que si la littérature romantique n'est pas la littérature du dix-neuvième siècle, le dix-neuvième siècle n'a pas de littérature. Retranchez de la littérature contemporaine tous les écrivains, tant poètes que prosateurs, qui ont été honorés ou flétris de l'épithète de romantiques ; ôtez Châteaubriand, Mme de Staël, Lamartine, Victor Hugo, Alexandre Dumas, Charles Nodier, Alfred de Vigny, Sainte-Beuve, Emile et Antony Deschamps, Balzac, Auguste Barbier, George Sand, Théophile Gautier, Mérimée, Alfred de Musset, Jules Janin, Marceline Valmore, et je vous demande ce qui vous restera ?

Quoi qu'on dise et qu'on fasse, ce mot de Romantisme est l'étiquette littéraire du siècle ; et ceux même qui le répudient et voudraient le proscrire sont contraints de l'accepter sous peine de renier leurs maîtres, ceux dont ils procèdent et qui les ont fait ce qu'ils sont.

Ne l'oublions pas : ce mot qui n'a plus de sens aujourd'hui, qui du moins n'a plus de sens que *dans le tems*, qu'un sens historique, a été il y a quarante ans un cri de guerre et de liberté, un hurrah littéraire qui a poussé en avant, hors des sentiers poudreux de la routine et de l'imitation, toute une génération jeune et vaillante qui voulait vivre et qui surtout voulait résolument rompre avec l'ennui.

Ç'a été mieux qu'une protestation,— une affirmation. Et si le mot n'a plus de sens actuellement, c'est que l'évolution est faite, et que la bataille a été gagnée. C'est qu'il y a eu *Hernani* et *Marion Delorme*, et *Les Orientales*, les *Méditations*, *Joseph Delorme*, *Volupté*, *Stello*, *Chatterton*, *Antony*, *Albertus*, *Mademoiselle de Maupin*, la *Ballade à la Lune*, *L'Ane mort* et *La Peau de chagrin*. Et dans ces œuvres audacieuses, écrites à coudées franches, et qui faisaient hausser le sourcil aux gardiens jurés des nécropoles de la tradition, nous avons appris, ingrats, le français qu'on ne parlait plus dans *Les Deux gendres*, et l'art qu'il n'y avait pas dans *Artaxerces* et dans *Ninus II*.

Quand on se rappelle d'où est partie cette génération ; quand on songe à ce qu'elle a remplacé, à ce qu'elle a renouvelé, à ce qu'elle a vivifié, on n'a pas assez de bénédictions, pour ce vieux drapeau mutilé, et déchiré au vent des combats, qu'il faudrait suspendre pieusement aux voûtes d'un Panthéon ; car il a sauvé la patrie, la République des Lettres.

Ceux qui l'ont porté ont été les émancipateurs, les conquérants, les rénovateurs. Si le roman est sorti des fadeurs et des frivolités de la fin du dernier siècle, s'i est devenu une œuvre virile et sociale qu'on a pu lire et écouter sans honte ; si le drame a surpris et ému ; si le vers a retenti deux fois sur l'enclume ; si la prose a guéri des langueurs et des chloroses du style académique, si elle a repris la vigueur et l'éclat de la santé, c'est à ceux là que nous le devons ; c'est à leur franchise, à leur courageuse horreur de l'ennui, à leur amour sincère du nouveau, de la joie, de la vie, et enfin à cette témérité juvénile qui n'a reculé ni devant le ridicule, ni même devant l'absurde, pour assurer au dix-neuvième siècle cette précieuse conquête, la liberté dans l'art. Aussi sachons-le tous, grands et petits, petits, tant que nous sommes, grands s'il en est, il ne s'écrit pas actuellement une ligne, il ne se fait pas un vers qui ne doive tribut à ces braves, à ces conquérants.

C'est là sans doute le livre qu'il faudrait faire ; ce sont ces arguments qu'il faudrait développer, détailler et appuyer de mille preuves. On comprendra facilement que je ne l'aie point essayé dans une simple préface. Ce livre, je n'en doute pas, sollicitera quelque jour le zèle d'un enthousiaste, dévoué à la gloire des lettres et à la justice. Pour moi, mes desseins sont plus humbles ; et si plus tard, dans cinquante ans d'ici par exemple, un brave homme, tenté de se faire le Justin ou le Florus de notre littérature, vient chercher dans ces pages quelques renseignements pour l'histoire de nos idées et de nos débats, mon ambition sera remplie. C'est tout ce que j'ose prétendre d'un travail accompli au jour le jour selon mon caprice et pour mon plaisir.

Disons tout de suite, pour prévenir le reproche de lacune ou d'oubli, que je n'ai jamais entendu faire la bibliographie de tous les ouvrages publiés de mil huit cent vingt à mil huit cent quarante. Une telle besogne qui eut été méritoire au seizième siècle pour un de Thou, au siècle suivant pour un Baillet, serait tout à fait superflue dans un temps où nous avons le *Journal de la librairie*, et — Quérard! Pas davantage, on ne trouvera ici la bibliographie complète des divers auteurs mentionnés.

Notre catalogue est plutôt descriptif et pittoresque, qu'analytique. Il s'informe moins de l'intérieur des livres, que de leur physionomie et de leurs conditions diverses. C'est une phase, une période de temps que j'étudie ; et pour en dégager l'esprit et l'inspiration propre, je les cherche dans ses productions immédiates, dans ces premières éditions où la pensée et le goût de l'auteur semblent tout gouverner, jusqu'au caractère du titre et au dessin du frontispice.

Il y avait en ce temps-là, comme à toutes les époques de conviction et de lutte, un tel concours de volontés, une telle unité d'intentions que l'œuvre du dessinateur et de l'imprimeur, l'épigraphe, ce luxe d'alors (1), et les annonces même de la couverture complètent le livre et le commentent. Tout ce petit art de la confection et de l'ornement des livres a un caractère charmant d'improvisation et d'intimité.

(1) « Une autre perte notable que nous avons faite, est celle des « épigraphes, tout à fait passées de mode aujourd'hui. Or, les « épigraphes fournies par toutes les gloires littéraires du pays et « de l'étranger, n'étaient certainement pas le moindre agrément « de la petite poësie contemporaine ». M. Fontaney, article de la *Revue des Deux-Mondes* du 15 décembre 1836. — C'est vrai,

Deveria a dessiné cette vignette pour le roman de son ami Janin. Célestin Nanteuil a gravé ce frontispice au retour d'une de ces représentations orageuses, où lui-même il organisait la tempéte. Tony, quand il composait les quatres délicieuses vignettes de *Notre-Dame de Paris*, connaissait le livre autrement que par la communication des épreuves. Il le savait par cœur ; il l'avait vécu, pour ainsi dire, dans les conversations de la Place Royale et dans les confidences du poëte.

Je ne veux pas médire des compositions magistralement gravées sur acier pour les éditions définitives, pour les éditions revues et corrigées, les éditions d'œuvres complètes. Ce sont des chefs d'œuvres. Mais ce qui leur manque, c'est précisément ce caractère donné par un souffle de vie et par une inspiration commune. Qu'est-ce que ces maîtres du burin et du pinceau ont jamais connu des pensées intimes et des ambitions de ceux dont ils ont décoré les œuvres ? Ont-ils espéré, ou conspiré avec eux ? ont-ils maudit les mêmes juges ? applaudi aux mêmes succès ?

Au temps dont je parle le crayon était vraiment confident de la plume, et complice aussi. La vignette se faisait en même temps que la page. Elle se faisait même avant, par intuition, tellement on était sûr de se comprendre et de marcher au but. Et c'est pourquoi cet art

mais ce n'est pas assez. Ce qu'il fallait dire, c'est que les épigraphes, en révélant les lectures favorites de chaque auteur, dénonçaient en même temps les préférences et les ambitions de tous. Les poëtes, les écrivains auxquels on empruntait des épigraphes, c'était ceux dont on s'inspirait généralement et auxquels on voulait ressembler.

charmant des vignettistes d'alors, des Johannot, des Deveria, de Jean Gigoux et de Célestin Nanteuil, est encore un art tout à fait à part ; un art perdu, et qui ne pourrait se retrouver que sous l'influence et par le concours de circonstances analogues.

Et les annonces donc ! n'y a-t-il pas toute une révélation dans ces titres de livres pressés sur le *verso* des couvertures ? Que de *quiquengrognes* ! que de livres qui n'ont jamais été fait, mais qui ont été rêvés du moins, et dont les titres attestent par leur bizarrerie, par leur insolence même, les prétentions et l'humeur du moment. C'était : *Pâture à liseurs, Faust Dauphin de France, Appel aux jeunes Français à cœurs de lions* ; puis, les *Contes du Bousingo*, par une camaraderie ; puis les *Aventures de deux Gentilshommes Périgourdins*, un beau titre à la Scarron ; *Fumée de ma pipe, choses quelconques* ; *Contes du Froc et de la Cagoule*, etc., etc., seul, Théophile Gautier, le fidèle, l'immuable, a acquitté la dette du *Capitaine Fracasse* ; et ce retour aux inspirations de sa jeunesse lui a porté bonheur.

Peut-être demandera-t-on à quoi bon ces violences, ces brutalités, ces défis ? Pourquoi ces broussailles au devant d'un livre, ces épouvantails sur le fruit que l'on offrait ? Eh bien, oui, c'était là ce qu'on voulait : comme aux jours de révolution et de scission, on exagérait la cocarde et l'on chargeait les couleurs du drapeau. Et plus, le titre était surprenant, plus la vignette était farouche, plus l'épigraphe saugrenue, plus la préface outrecuidante et hérissée de points d'exclamations, plus on était sûr de n'être pas confondu avec l'ennemi, d'épouvanter le bourgeois et d'exaspérer les critiques.

Oh! les bonnes fanfaronnades! Et comme souvent ils ont dû rire entre eux, les bons apôtres, des terreurs qu'ils causaient aux uns et des fureurs qu'ils excitaient chez les autres!

Heureux temps! heureuses gens! ceux-là, certes, ont eu leur jeunesse. Ils ont appris l'art dans la liberté et dans la joie! De leur temps on ne citait point les poëtes en police correctionnelle. Ils n'ont eu à redouter ni le pouce mystérieux du censeur, ni l'index menaçant du rédacteur en chef. En un mot, ils ont fait tout ce qu'ils ont voulu, gaîment; c'est encore le meilleur moyen d'arriver à faire quelque chose de bon. Aussi s'en sont-ils donné de tout leur cœur. Ils ont couru de toutes leurs jambes, crié de tous leurs poumons; et c'est pourquoi ils sont restés bons marcheurs et bons parleurs. *Les Djiinn* et *La Ronde du Sabbat*, qui firent tant de bruit dans leur temps, ont-ils empêché Victor Hugo d'être le plus grand poëte de son siècle? Les *Contes goguenards* ont-ils nui au talent de Théophile Gautier? Je crois, au contraire, qu'ils y ont servi. Dans ces œuvres excessives, épanouies, de leur jeunesse, ils ont acquis la conscience de leurs forces et gagné la beauté du mouvement libre. Et, généralement, je l'oserai dire, c'est parce que le siècle a fait *Champavert* et *Feu et Flamme*, et toutes les extravagances et les folies reprochées à son commence- ment, qu'il a produit dans sa vigueur les œuvres saines et robustes qui l'honorent, et qui l'ont mis au rang des grands siècles de la littérature française.

Plus d'un parmi les écrivains dont je parle, et ceux-là même dont j'ai le plus longuement parlé, ont été dé- noncés à ma curiosité par le titre de leur livre et par la vignette. Je les ai tous lus, et sans m'en repentir. Les lecteurs qui, sur ma recommandation, achèteront ces ouvrages comme pièces rares et curieuses, peuvent les ouvrir. Ils seront choqués quelquefois, souriront de temps à autre, et par-ci par-là hausseront les épaules : ils ne s'ennuieront pas. Ils auront, d'ailleurs, la chance de trouver dans le nombre des œuvres remarquables, et même quelques chefs-d'œuvre. J'en réfère pour le détail à ce que j'ai dit dans les notices.

Ce qu'on apprendra surtout par ces lectures et ce que moi-même j'ai plus d'une fois signalé au passage, c'est l'incontestable supériorité des talents de second ordre de ce temps-là sur les talents du même ordre dans le temps présent. Et c'est tout simple : le mouvement était donné; tout le monde marchait. « Les grands, a dit Jules Janin, entraînaient les petits. » Joseph Delorme faisait les poëtes, et Balzac les romanciers.

Ce qui est remarquable encore, c'est la parfaite tenue littéraire de ces extravagants. Ces mystificateurs se prenaient au sérieux. Jusque dans les plus grandes audaces, on trouve un soin de la forme et comme un besoin de perfection. Tous paraissent convaincus qu'ils écrivent sous le regard du public, et même sous l'œil de la postérité. Bien faire, faire le mieux possible, tel est le programme commun. Et même chez ceux qui se sont le plus trompés, chez les faibles comme chez les maîtres, cette sincérité d'effort est touchante.

En somme, j'ai eu plus d'une occasion de le répéter dans le cours de ce travail, on peut juger par ce qu'elle a laissé perdre, de la force de cette génération. On est surpris et charmé de rencontrer dans les limbes de l'oubli des talents fins, vigoureux, bien venus, des livres tels que le *Samuel Bach* de Théophile de Ferrière, que la *Sakontala* d'Eusèbe de Salles, que la *Strega* d'Ernest Fouinet, que les *Scènes de la vie Castillane* de Fontaney, livre incomplet qu'il serait facile de compléter, car la suite a paru dans la *Revue des Deux-Mondes*.

Quant à Louis Bertrand, c'est un maître.

Je serai moqué peut-être pour mes prédilections et mes enthousiasmes. Cela m'est égal. Je suis consolé et vengé d'avance par les plaisirs que j'ai eus comme lecteur et comme curieux.

Ces livres, je les aime. Ils sont mes favoris, mes classiques. Je les ai quêtés, recueillis, triés sur le volet. Je les ai fait habiller de mon mieux par les meilleurs tailleurs pour livres. Les quelques mots que je me suis permis d'ajouter sur leur *condition* serviront d'indications aux amateurs qui au grand jour de ma *vente après décès* rechercheront les exemplaires de cette collection d'originaux.

26 Novembre 1866.

VICTOR HUGO.

Les éditions des poésies de Victor Hugo publiées avant 1830 n'offrent rien de remarquable au point de vue du bibliophile : c'est le format et la physionomie typographique de la collection des *Poëtes français du dix-neuvième siècle*, de Gosselin.

Je signalerai cependant les premières éditions des *Odes*, comme contenant des pièces supprimées dans les éditions suivantes.

1822. — ODES ET POÉSIES DIVERSES, par Victor-M. Hugo. *Paris*, Pélicier, place du Palais-Royal, n° 18.

Les pièces diverses, supprimées plus tard, sont: *Raymond d'Assoli*, élégie ; *les Derniers Bardes*, poëme ; *Idylle* (entre un vieillard et un jeune homme). Cette dernière pièce a été insérée dans le tome troisième des *Annales romantiques* (1825) sous le titre : *les Deux Ages*.

Envoi autographe de l'auteur à son ami Jules Lefèvre (Lefèvre-Deumier), Signé : *V.-M. Hugo.*

1823. — Deuxième édition in-18. Persan et Pélicier, éditeurs, augmentée de deux Odes nouvelles (*Louis XVII* et *Jéhovah*).

1824. — NOUVELLES ODES, par Victor-M. Hugo. *Paris*, Ladvocat, in-18; vignette de Dévéria : *le Sylphe.*

1825. — LE SACRE DE CHARLES X, ode par Victor Hugo, *Paris*, imprimerie royale, 16 pages in-4°, plus 4 pages de notes.

1826. — ODES ET BALLADES, par Victor Hugo. Ladvocat, au Palais-Royal. (La préface est datée d'octobre). Trois volumes in-18, imprimerie d'Everat. Trois vignettes-frontispices de Dévéria gravés par Mauduit et Godefroy : — *La chauve-souris.* — *Les deux îles.* — *Le Sylphe.*

1827. — ODES ET BALLADES, par Victor Hugo (tome III), Ladvocat, in-18; vignette de Dévéria : *les Deux Iles.*

La première édition des *Orientales* (Décembre 1828. Ch. Gosselin et Bossange) est ornée d'un frontispice de Louis Boulanger, gravé sur acier par Cousin, le *Clair de Lune* (Orientale dixième) et d'une vignette sur bois, *les Djinns,* que je crois dessinée par le même artiste. La gravure du *Clair de Lune* est reproduite comme frontispice de la deuxième édition (mêmes éditeurs, 1829).

En 1829, les *Odes et Ballades* parurent pour la première fois in-8, chez Gosselin et Bossange, en deux volumes, auxquels faisait suite la troisième édition des *Orientales.* C'était la quatrième édition des *Odes.* Une préface, datée d'août 1828, indique les changements opérés pour fondre en deux volumes les trois recueils (*Odes, Nouvelles Odes, Ballades,*) qui, jusqu'alors, avaient paru en trois volumes in-18. Cette édition est en outre augmentée de neuf pièces nouvelles : elle est ornée de deux vignettes sur bois, de Louis Boulanger : 1º *L'Église Saint-Germain-l'Auxerrois en proie aux démolisseurs ;* 2º le *Géant ;* et de deux gravures sur acier d'après le même artiste : pour le tome premier, un très-curieux portrait de Victor Hugo, vêtu d'une houppelande et accoudé sur les coussins d'un canapé ; à droite, on aperçoit dans un rayon prismatique la colonne de la place Vendôme, autour de laquelle tourne un vol d'aigles ; papiers à terre ; à droite, sur le devant, un globe terrestre. — Pour le tome second, la *Ronde du Sabbat,* composition différente du tableau.

—A LA COLONNE DE LA PLACE VENDOME, par Victor Hugo. *Paris*, Ambroise Dupont, 1827; in-8º; imprimerie de Tastu.

Les poësies politiques de Victor Hugo ont été souvent publiées à part. Un savant bibliographe de Province, M: Léon de la Sicotière, avocat à Alençon, nous signale les publications suivantes, portées en Août 1822, au catalogue d'Anthelme-Boucher, imprimeur-libraire, rue des Bons-Enfans, 34 :

« *Les Destins de la Vendée,* odes ; par V.-M. Hugo.

« Prix : 75 c., et 80 c. franc de port.

« *Ode sur la naissance de S. A. R. Monseigneur le duc de Bordeaux, suivie d'une ode sur la mort de S. A. R. Charles Ferdinand d'Artois, duc de Berry, fils de France ;* par Victor-Marie Hugo, de l'Académie des jeux Floraux. *Paris,* in-8º.

« Prix : 1 fr., et 1 fr. 10 c. par la poste.

« Cette ode a été lue le 3 mai à la séance de la Société des Bonnes-Lettres, présidée par M. le Vicomte de Chateaubriand, et a obtenu les suffrages les plus honorables.

« *Le Télégraphe*, satire ; par V.-M. Hugo, avec cette épigraphe :

« Ici des machines qui parlent,

« Là des bêtes que l'on adore. »

« Broch. in–8º. Prix : 75 c., et 80 c. franc de port. »

La dernière publication de ce genre a été celle de l'*Ode sur le retour des restes mortels de l'Empereur Napoléon* Iᵉʳ, en 1840.

1826. — Bug-Jargal, par l'auteur de *Han d'Islande*, Urbain Canel, in-16. — Eau-forte, de Pierre Adam, d'après Dévéria.

La couverture porte l'avis suivant : N. B. *Les amateurs qui seraient curieux de se procurer la traduction anglaise de Han d'Islande, ornée de quatre gravures admirables du fameux Cruiskhank, la trouveront chez le même éditeur, au prix de quinze francs :*

— Hans of Iceland. *London*, Robins and Co. Albion, Pressing Lane, Paternoster row ; sur papier vélin cartonné, 4 gr. de Cruiskhank.

1830. — Hernani. (La première édition de ce drame est remarquable par le sous-titre : *Hernani, ou l'Honneur castillan*). Mame et Delaunay-Vallée, rue Guénégaud ; imprimerie de Lachevardière.

Les exemplaires portent, comme signature de l'auteur, le mot espagnol *hierro*, qui signifie *fer*.

On peut ajouter au livre une vignette représentant la dernière scène du drame, lithographiée par A. Dévéria et publiée par *la Silhouette*, journal d'illustrations. (Voy. Catalogue Dutacq, n. 578.)

1831. — NOTRE-DAME DE PARIS. (Œuvres complètes de Victor Hugo). Charles Gosselin, éditeur, imp. de Cosson.

Notre-Dame de Paris parut dans la même année in-12 et in-8. L'édition in-12 est en quatre volumes dont chacun est orné d'un frontispice dessiné sur bois par Tony Johannot et gravé par Porret.

Tome premier : — *Esmeralda dansant sur la place du Parvis*;

II. — *Esmeralda donnant à boire a Quasimodo sur le pilori* ;

III. — *L'Amende honorable* ;

IV. — *Esmeralda portée au gibet.*

Fleuron répété sur la couverture des quatre volumes : *Quasimodo montrant sa tête par la lucarne de la grande salle du Palais..*

Cette édition, livrée aux cabinets de lecture, est devenue très-rare.

L'édition in-8o, (mars 1831), imprimerie de Cosson, n'a que deux volumes et ne reproduit que deux des quatre vignettes de l'édition in-12 : pour le premier volume, *Esmeralda donnant à boire* ; pour le second, *l'Amende honorable.* Les deux vignettes sont répétées sur la couverture.

Cette édition, tirée seulement à *onze cents exemplaires*, en a fourni quatre, au moyen de titres nouveaux et de couvertures nouvelles. Les quatre fausses éditions s'écoulèrent dans l'année ; la quatrième est annoncée comme *très-rare* et cotée *vingt-cinq francs* sur la couverture de la *Maréchale d'Ancre* d'Alfred de Vigny, publiée à la fin de la même année, chez le même éditeur.

En 1832, la maison Renduel annonça, comme complément à la nouvelle édition des œuvres de Victor Hugo, une collection de gravures à l'eau-forte par Célestin Nanteuil. Cette collection *devait* paraître par livraisons de quatre planches, au prix de *trois francs* la livraison. La première livraison seule parut le 20 décembre de cette même année et se composait ainsi :

1° Portrait de Victor Hugo, encadré de vignettes en compartiments représentant les scènes principales de ses ouvrages (*Hernani, Cromwell, le Roi s'amuse, Marion Delorme,* les *Feuilles d'automne, Han d'Islande, Odes et Ballades, Notre-Dame de Paris,* le *Dernier jour d'un condamné, Bug-Jargal, Lucrèce Borgia,* les *Orientales*).

2° Bug-Jurgal tenant le drapeau noir, encadrement historié: animaux et plantes de l'Amérique.

3° Le *Dernier jour d'un condamné.* — Le condamné assis de face; encadrement: le tribunal et la guillotine ; sur les côtés, têtes roulant dans le vide ; au bas, un ange apporte la tête tranchée au pied du tribunal de Dieu.

4° *Notre-Dame de Paris* : — « *Je te dis qu'il est mort !* » (Liv. VII, ch. IV: *Lasciate ogni sperànʒa.*) Encadrement d'architecture gothique à compartiments: sujets tirés de l'ouvrage : à droite, Claude Frollo; à gauche, Phœbus de Châteaupers; en haut, Esmeralda tendant sa gourde à Quasimodo sur le pilori.

Très-rares. — Les quatre vignettes ont été payées à M. C. Nanteuil *soixante* francs.

Dans la même année (1832) l'éditeur Renduel commanda à M. Célestin Nanteuil quatre vignettes à l'eau-forte, pour la première édition du *Spectacle dans un fauteuil,* d'Alfred de Musset, qui parut en 1833 (32), in-8º, imprimée par Everat.

1. Frontispice ;
2. *La Coupe et les lèvres* ;
3. *A quoi rêvent les jeunes filles* ;
4. *Namouna.*

Les quatre vignettes n'ayant pas agréé à M. Alfred de Musset, les planches ont été détruites.

— MARION DELORME, drame (représenté le 8 août). Eug. Renduel, in-8º, imprimerie d'Everat.

La signature *Hierro*, au verso du faux titre.

On peut y ajouter la lithographie de T. Johannot, tirée de la scène VI, du IIIᵉ acte ;

Un seul baiser au front, pur comme nos amours !

(Extraite de l'*Artiste*).

1832. — LES FEUILLES D'AUTOMNE, Renduel, in-8º, 1832 (novembre 1831) ; imprimerie d'Everat.—Frontispice de Tony Johannot, gravé sur bois, par Porret — Deux jeunes hommes enveloppés de manteaux traversant un cimetière au soleil couchant. (*A un voyageur.*) — 4ᵉ édition in-12, v. v. Renduel, imp. d'Everat.

— LE ROI S'AMUSE, drame. Eug. Renduel, in-8º ; imprimerie d'Everat. Vignette-frontispice de Tony Johannot, gravée sur bois par Porret, tirée sur chine. — *Triboulet reconnaissant sa fille* (acte V, scène IV).

Triboulet est dessiné dans le costume de la représentation : justaucorps de velour noir à manches larges, une marotte pendue au côté; le corps de Blanche est étendu transversalement et à demi tiré hors du sac, la tête renversée, la bouche béante, la poitrine découverte; à gauche, la maison de Saltabadil; au fond, la grève de la Seine et la porte des Tournelles illuminée par l'éclair. — Charmante vignette.

1833. — Lucrèce Borgia, drame. In-8°. Renduel; imprimerie d'Everat. Frontispice à l'eau-forte, de Célestin Nanteuil (chine).—*Lucrèce Borgia versant le poison du flacon d'or à Gennaro* (acte II, 1re partie, scène v).

Salon boisé et sculpté. Alphonse de Ferrare, en riche costume et coiffé d'une toque à plume blanche, est assis à gauche, dans son fauteuil ducal, et s'accoude à une table recouverte d'un tapis, sur laquelle sont posés les flacons et les coupes. Lucrèce, vêtue de blanc, est debout derrière la table; Gennaro, à droite, debout et tête nue. — Au-dessus du carré de chine, deux anges déroulent une banderole qui contient le titre et que surmonte le dôme du palais ducal de Venise.

Marie Tudor, drame. In-8°. Eugène Renduel; imprimerie d'Éverat. Frontispice à l'eau-forte, de C. Nanteuil : — *Gilbert agenouillé aux pieds de la reine et jurant sur l'Évangile* (journée IIe, scène viiie).

La reine est à droite, debout et appuyée contre une table, près de laquelle est un tabouret portant la couronne royale; à gauche, Gilbert, à demi renversé; à droite, derrière la reine, le lord-chancelier apportant la Bible tout ouverte; à gauche, entourant Gilbert, Fabiani, Jane et Si-

mon Renard, seigneurs et hallebardiers ; par la porte du
fond on apperçoit une longue galerie éclairée. — Encadrement formé de groupes de femmes et de génies reliés entre
eux par des arabesques. — Une des plus belles eaux-fortes
de M. Célestin Nanteuil.

1834. — ANGELO, TYRAN DE PADOUE, drame. Eug. Renduel, in-8º, imprimerie d'Everat. (Acte IV, scène dernière.)

On trouve sur ce drame, dans le *Monde dramatique*, une
vignette de Louis Boulanger (acte IV, scène dernière) :

La Tisbé mourante et prononçant les dernières paroles
de la scène ; Rodolfo soutenant dans ses bras la Catarina,
qui se réveille.

ALEXANDRE DUMAS.

M. Célestin Nanteuil, qui a considérablement travaillé pour la maison Renduel, a aussi gravé quelques frontispices pour la librairie de M. Charpentier, logé alors rue Montesquieu, sur l'emplacement du bazar, et qui fut le premier éditeur des *Œuvres complètes* d'Alexandre Dumas.

1833. — Impressions de voyage in-8°, imp. de Fournier frontispice eau-forte de C. Nanteuil.

1834. — CATHERINE HOWARD, drame, par Alexandre Dumas. In-8°, frontispice, eau-forte de C. Nanteuil. Scène X^e du IVe acte : Catherine posant la main sur le cœur d'Ethelwood évanoui ; à droite une fenêtre à chassis de plomb par où l'on apperçoit la lune. — Très-belle eau-forte.

— ANGÈLE, drame. Frontispice eau-forte du même (dentelles) ; scène dernière du drame :

— Oh ! celui-là a si peu de temps à vivre !

Henri Muller soutient Angèle éplorée, et donne la main droite à la comtesse qui s'appuie sur son épaule.—Le décor est un salon ouvrant sur un jardin ; à droite une cheminée surmontée d'une pendule et d'un vase. On apperçoit à droite un personnage confus, accoudé contre une table, et qui doit être le notaire. — Encadrement : dentelles, oiseaux, fleurs, etc.

On peut joindre à ces éditions :

1º *Stochkolm, Fontainebleau et Rome*, trilogie drama-tique sur la vie de Christine ; cinq actes en vers, avec prologue et épilogue ; représentée sur le théâtre de l'Odéon le 30 mars 1830. In-8º, au Palais-Royal, galerie de Chartres. Lithographie de Raffet.

L'infâme

Nous trahit toutes deux ! — Toutes deux ? — Je suis femme

Vignette à ajouter, scène dernière du cinquième acte :

— Eh bien, j'en ai pitié, mon père... qu'on l'achève !

Lithographie de Dévéria, publiée par la *Silhouette*.

2º ANTONY, drame, représenté le mercredi 5 mai 1831. *Auffray*, 1831, in-8º.

Vignette de Tony Johannot, mise sur bois par Tellier et gravée par Thompson. Scène VIIIe du IVe acte. — Antony et Adèle après la scène du Bal. — Cette vignette est cu-rieuse de plusieurs façons ; comme reproductions des toi-lettes et de l'idéal d'élégance d'alors, et aussi comme res-semblance des deux acteurs, Bocage et Mme Dorval.

3º TÉRÈSA, drame, représenté à l'Opéra-Comique (1832). Charpentier.

Ajouter une lithographie de Tony Johannot, tirée de l'*Artiste*.

1834-1836. THÉATRE D'ALEXANDRE DUMAS. *Paris*, Char-

pentier, rue de Seine-St-Germain, 6 volumes in-8°,
imp. d'Everat.

Le tome second contient un superbe frontispice de C.
Nanteuil, imp. à deux tons. C'est un des plus compliqués
et peut-être le mieux réussi de son œuvre. — Cartouche,
encre rouge, portant le titre et la tomaison et encadré de
huit médaillons représentant les scènes principales des
drames, savoir :

En haut, *Christine* : — Mort de Monaldeschi ;

A gauche, 1° *la Tour de Nesle* : — Mort de Gaultier d'Aul-
nay ;

2° *Térèsa* : — Delaunay maudissant Arthur de Savigny ;

A droite, 1° *Charles VII* : — Bérengère poussant Yacoub
à assassiner le Roi ; 2° *Antony* : — Scène dernière (*elle me
résistait, je l'ai assassinée*).

En bas, 1° *Richard Darlington* : — Richard traînant Jenny vers la fenêtre ; 2° *Henry III* : — Le Duc de Guise de-
mandant au Roi de reconnaître la Ligue ; 3° *Angèle* : — Alfred d'Alvimar introduisant Henri Muller, les yeux bandés,
dans la chambre d'Angèle. — Les huit médaillons sont reliés par des sujets fantastiques et allégoriques.

Cette première édition du théâtre d'Alexandre Dumas,
arrêtée au onzième volume, ne contient que les œuvres
suivantes : — *Henri III, Antony, Christine, Charles VII,
Térèsa, Richard Darlington, la Tour de Nesle, Angèle,
Catherine Howard, Napoléon Bonaparte, Don Juan de
Marana* et *Kean*. La couverture du cinquième volume annonce une collection de dix vignettes *gravées par les premiers artistes d'après les dessins de M. Louis Boulanger,
pour l'ornement de cette édition*, les vignettes n'ont jamais

paru. L'édition in-8º du théâtre d'Alexandre Dumas a été reprise plus tard par Passard, éditeur, rue des Grands-Augustins, qui en a publié deux nouveaux volumes (tomes VII et VIIIᵉ 1846) contenant : *Mademoiselle de Belle - Isle, Halifax, Paul Jone*, et l'*Alchimiste*.

MÉRIMÉE.

— La Guzla, ou choix de poésies illyrique, par Mérimée. *Paris, Levrault, et Strasbourg,* rue des Juifs,
1827. Un vol. in-16, carré, orné du portrait lithographié d'Hyacinthe Maglanowitch. Imprimerie de
Levrault, à Strasbourg.

Cartonné avec couverture lithographiée à deux tons.

— Théatre de Clara Gazul, par Mérimée. 1830. In-8o.
Portrait,

Ce portrait prétendu de Clara Gazul, et qui est celui de
l'auteur habillé en femme, n'a pas été mis dans le commerce.
(V. Catalogue Fossé d'Arcosse, 1840, no 534.)

CHARLES DOVALLE.

1830. Le Sylphe, poésies de feu Charles Dovalle, précédées d'une notice par M. Louvet, et d'une préface
par Victor Hugo. In-8; Ladvocat, au Palais-Royal.
Couverture noire, imprimée en argent.—Exemplaire
tiré sur grand papier rose.

Charles Dovalle n'est point une des étoiles radieuses de
la poésie moderne, c'est plutôt une nébuleuse au reflet
doux qui se mêle, sans s'y confondre, à la trace lactée des
poëtes de la première phase de notre renaissance poétique.
Dans cette période où la poésie française cherchait à se régénérer par l'étude du sentiment, en attendant la rénova-
tion puissante de forme et d'expression que devait lui donner l'auteur des *Orientales*, Charles Dovalle eut son heure ;
sa voix a été entendue, écoutée, et méritait de l'être. Il a
eu même son jour de gloire et ce jour-là, malheureusement,
a été le lendemain de sa mort. Les œuvres de Dovalle ont
le caractère de la poésie du temps où il apparut, ce caractère un peu vague, cette forme un peu voilée, un peu abstraite de la poésie des Edmond Géraud, des Loysons, des
Brugnot, et des premières œuvres de Rességuier, de Fontaney
et de Labenski, de tout ce chœur en un mot qui procédait
plutôt de Lamartine que de Victor Hugo, mais que la pu-

blication des *Ballades* et des *Orientales* allait pousser vers une facture plus sévère et plus savante.

L'œuvre de Charles Dovalle, interrompue à sa vingt-deuxième année par un événement sinistre, a conservé toutes les incertitudes d'un art qui bégaye. Mais ces incertitudes même d'une muse de vingt ans sont-elles sans grâce? « Une poésie toute jeune, a écrit M. Hugo, enfantine parfois; tantôt les désirs de Chérubin, tantôt une sorte de nonchalance créole; un vers à gracieuse allure, trop peu métrique, trop peu rhythmique parfois, mais toujours plein d'une harmonie plutôt naturelle que musicale; la joie, la volupté, l'amour, la femme surtout, la femme divinisée, la femme faite muse; et puis partout des fleurs, des fêtes, le printemps, le matin, la jeunesse, voilà ce qu'on trouve dans ce portefeuille d'élégies déchirées par une balle de pistolet... » Ajoutons seulement que la poésie de Dovalle a souvent des cris, un mouvement, un sentiment, ou plutôt un appétit de la forme rhythmique qui permettent d'affirmer qu'il eût facilement acquis de lui-même la fermeté d'exécution qui manque aux œuvres de sa jeunesse. Son œuvre est une aurore pâle comme toutes les aurores, mais qui eût pu avoir son midi coloré.

Les poésies de Dovalle, publiées par ses amis l'année même de sa mort, sont devenues fort rares. On a respecté sur la dernière pièce trouvée dans le portefeuille qu'il portait le jour du combat, la trace de la balle qui l'a traversée. C'est à propos de cette publication que M. Victor Hugo écrivit cette lettre mémorable, insérée plus tard dans les deux volumes de *Littérature et philosophie mêlées*, et qui sera le passe-port de Dovalle pour la postérité.

La vie de Dovalle ressemble à son œuvre: une enfance

douce et laborieuse, se développant joyeusement dans la liberté de la vie de campagne, et d'une campagne pittoresque, toute pleine de vieux souvenirs et hérissée de vieux châteaux ; succès précoces, amours timides, excursions poétiques, vol de papillon sur les fleurs et sur les ruines. Il arrive à Paris à vingt ans, le portefeuille et le cerveau plein de rimes, et de ce premier choc avec la réalité de la vie, le poëte est écrasé.

Il y a quelques années, un ami posthume et un compatriote de Charles Dovalle, M. Emile Grimond, lui a consacré dans la *Revue de Bretagne et de Vendée* (n° d'octobre 1857) une notice biographique qui aurait besoin d'être complétée par l'histoire de sa vie à Paris. Dovalle était né à Montreuil-Bellay, petite ville du département de Maine-et-Loire le 23 juin 1807. Il mourut à Paris le 30 novembre 1829, des suites d'un duel causé par un article de journal (1). Ses amis lui ont élevé un tombeau dans le cimetière Montmartre.

(1) L'article avait paru dans le *Journal rose* (V. Deschiens), n° 605 au supplément. Le duel eut lieu le 9 novembre ; l'adversaire de Dovalle était Mira-Brunet, fils de l'acteur Brunet.

ALFRED DE VIGNY.

1829.—POËMES par le comte Alfred de Vigny auteur de *Cinq mars, ou une Conjuration sous Louis XIII,* troisième édition Gosselin. Vignette sur le titre. Naufrage de la frégate la *Sérieuse*, dessin de Tony Johannot, gr. sur bois par Lacoste.

1831.—LA MARÉCHALE d'ANCRE, par M. le comte Alfred de Vigny. Ch. Gosselin, in-8°; imprimerie de Cosson. Lithographie de Tony Johannot, représentant la dernière scène de l'ouvrage.

1832.—STELLO, première consultation du docteur noir. In-8°, publication de la *Revue des deux mondes* F. Bonnaire éditeur. Trois charmantes vignettes de Tony Johannot, gravées par Brevière :

— *Mademoiselle de Coulanges malade;*

— *Chatterton brûlant ses manuscrits;*

— *André Chénier et madame de Saint-Aignan.*

— Hommage autographe de l'auteur à Madame Pauline Duchambge.—Deuxième édition, 2 vol. in-12. Ch. Gosselin édit. 1833. — Les trois vignettes (deux dans le tome Ier).

1835. — CHATTERTON, drame. Hippolyte Souverain; in-8°. Frontispice gravé à l'eau-forte par Édouard May (chine).

1831-33.—Œuvres complètes de E.-T.-A. Hoffmann, traduites de l'allemand par Loëwe-Weimars. Eugène Renduel. 20 volumes in-12, publiés par livraisons de quatre volumes. —Vignettes de Tony Johannot.

Il n'y a que trois vignettes répétées sur les quatre volumes des trois premières livraisons. La première (1re livraison), tirée je crois de *Salvator Rosa*, n'est point signée ; j'hésite à la croire de Tony-Johannot, et dans tous les cas elle est fort mauvaise. — La seconde vignette (tomes 5 à 8) est probablement tirée de *Maître Floh* et représente *le Diable conseillant un vieillard*, sans signature de dessinateur ni de graveur ; c'est une des plus remarquables vignettes de Tony. Tomes IX à XII : *Le Chat Murr sur un coussin.* — La quatrième livraison (t. XIII à XVI) n'a point de vignette, non plus que la cinquième ; le tome XXe, qui contient *la Vie d'Hoffmann* par le traducteur, est seul orné d'un portrait dessiné et gravé sur acier par Henriquel Dupont.

—Bel exemplaire relié en dix volumes dos de v. v., titres détaillés.—A la fin du dernier volume se trouve une note mss. de M. X. Marmier, de vingt-quatre pages sur les relations de Hoffmann avec l'acteur Devrient.

1832. — Les Contes bruns, par... (Balzac, Philarète Chasles et Ch. Rabou); Canel et Ad. Guyot. In-8º. Everat, imprimeur.

Vignette de Tony Jóhannot, gravée par Thompson, représentant une tête à l'envers.

TITRES DES CONTES.

Entre onze heures et minuit.	De Balzac.
L'Œil sans paupière	Ph. Chasles.
Une bonne Fortune.	Ph. Chasles.
Guarnerius	Ch. Rabou.
La Fosse de l'avare.	Ph. Chasles.
Les Regrets.	Ch. Rabou.
Les Trois Sœurs.	Ph. Chasles.
Le Ministère public.	Rabou.
Le Grand d'Espagne.	De Balzac.

Les deux contes de Balzac ont été plus tard refondus dans ses œuvres. — *L'Œil sans paupière* a reparu dans les *Portraits et paysages*, de Philarète Chasles, (1832, in-8º,) avec une vignette sur bois de Tony Johannot, gravée par Cherrier. — Cette même vignette a été publiée dans la *Revue de Paris*, tome XXXIVᵉ. — Uue autre vignette sur le même sujet du même auteur et gravée aussi par Cherrier a été publiée dans la *Caricature* nº du 9 février 1832.

JULES JANIN.

1829. — L'Ane mort et la femme guillotinée. Beau-
douin, rue de Vaugirard, in-12, 2 volumes, imprimerie de Rignoux.

Deux vignettes signées Devéria, gravées par Porret :
1º *Mort de Charlot à la barrière du Combat ;*
2º *Henriette à la Bourbe.*
— Deuxième édition. Delangle frères, rue du Battoir-
Saint-André des Arcs (*sic*), 1830, in-18, imprimerie de Jules
Didot l'aîné.
Vignette eau-forte d'Alfred Johannot : *Le Chiffonnier ve-
nant reprendre son enfant* (chap. XXVI).
Frontispice gravé : *Henriette ensevelie ;* vignette sur le
titre : *L'âne mort.*

— La Confession, par l'auteur de *l'Ane mort et la
femme guillotinée.* Alexandre Mesnier, place de la
Bourse, 1830, in-12, 2 vol. imprimerie de Duverger.

Vignette : Juana dans la mansarde du prêtre espagnol ; sujet du chapitre XLV. — Fra-José, assis à droite, se détourne,
en étendant les mains, de Juana qui se tient debout à gauche, enveloppée d'un domino et coiffée d'un voile ; dans le

fond, à droite, une harpe. — Dessiné et gravé à l'eau-forte par Alfred Johannot. — Très jolie vignette.

— Seconde édition, même éditeur, même année. Vignette sur bois de Tony Johannot, gravée par Porret : — *Anatole arrivant au presbytère.* Vente Armand Bertin (n° 1227), exemplaire sur papier de Chine ; mar. violet, non-rogné envoi d'auteur.

THÉOPHILE GAUTIER.

1833. — ALBERTUS OU L'AME ET LE PÉCHÉ, légende théo-
logique, par Théophile Gautier: Paulin, place de la
Bourse, in-18.

Vignette eau-forte de C. Nanteuil : *Albertus se donnant
au Diable* : — Un salon sombre, divans profonds et tapisseries épaisses. Véronique attire Albertus sur le divan ; l'ange s'envole à gauche dans la lumière ; à droite, *Méphisto*,
derrière une table chargée de flacons et de verres :

> « ... Eh bien donc, à jamais sois maudit !
> Cria l'ange gardien d'Albertus ; — je te laisse,
> Car tu n'es plus à Dieu. » — Le peintre, en son ivresse,
> N'entendit pas la voix, et l'ange remonta.
> Un nuage de soufre emplit la chambre. Un rire
> De Méphistophélès, que l'on ne peut décrire,
> Tout à coup éclata.
>
> (Strophe 94ᵉ.)

Ouvrages annoncés sur la couverture :

— *Champavert,* par Petrus Borel ;
— *Faust,* traduction de Gérard ;
— *Les contes du* Bouzingo (sic).

Très-rare avec la vignette, qui n'a été tirée qu'à petit
nombre. — Ce volume n'est que la seconde édition des

poésies de Théophile Gautier, augmentée du poëme d'*Albertus*; la première avait paru en 1830.

— Maroquin vert, tranche dorée *Lortic* — deux mots autographes avec la signature de l'auteur sur le faux titre.

— Les Jeunes-France, romans goguenards, par Théophile Gautier. Renduel, 1833, in-8°.

— Frontispice eau-forte de Célestin Nanteuil, représentant dans des compartiments les principaux personnages du livre : *Celle-ci et Celle-là, Onophrius*, etc.

Ce frontispice, tiré à petit nombre, est devenu très-rare et manque notamment aux exemplaires remis en circulation, vers 1840, par le libraire Victor Magen, qui prit seulement la peine de faire faire de nouvelles couvertures.

Ajouter, s'il se peut, le portrait de Théophile Gautier, gravé à l'eau-forte par lui-même, et qui est de toute rareté.

1838. La Comédie de la Mort, par Théophile Gautier. Dessessart, éditeur, grand in-8°, impr. d'Éverat.

Vignette de Louis Boulanger, gravée par Lacoste : *la Grotte de la Chimère*; le poëte, drapé dans un manteau, est amené par une femme nue et échevelée.

— Quelques exemplaires sur grand papier vélin, avec la vignette tirée sur Chine.

PETRUS BOREL.

1832 — RHAPSODIES, par Petrus Borel. *Paris*, Levavasseur, au Palais-Royal. In-16, carré.

> Vous dont les censures s'étendent
> Dessus les ouvrages de tous,
> Ce livre se moque de vous.
>
> MALHERBE.

> Hautain, audacieux, conseiller de soi–même,
> Et d'un cœur obstiné se heurte à ce qu'il aime.
>
> REGNIER.

La première édition a pour frontispice une gravure au
vernis mou représentant un jeune homme coiffé du bonnet
phrygien, assis sur un escabeau et appuyé sur une table
recouverte d'un tapis. L'homme est en chemise et bras
nus, et tient à la main un long et large couteau dont il
paraît vouloir se frapper. Le mur de la chambre est bâti
en colombage ; draperie retombant à gauche comme un
rideau de théâtre. — Est-ce un portrait de l'auteur ? ou
seulement une allégorie révolutionnaire ? — Plus, deux
vignettes lithographiées placées à l'intérieur du volume et
signées *Napol* (probablement M. Napoléon Thomas, ami de
l'auteur, qui a illustré quelques livres de 1830 à 1840) : —

1º pour la pièce intitulée *Fantaisie*, un *Bousingot* couché *sur la paille d'un cachot;* fers scellés dans la muraille, à gauche une cruche et un morceau de pain noir; 2º *Ma croisée;* autre Bousingot en grande toilette, accoudé à une fenêtre encadrée de vigne.

Annoncés, comme sous presse, sur la couverture:

—*Pâture à liseurs,* par Petrus Borel, in-8º orné de vignettes, par Napol. Thomas et Joseph Bouchardy (1).

— Du même auteur: *Appel aux jeunes Français à cœurs de lions,* brochure in-8º.

—*Odelettes et études dramatiques,* par Gérard (de Nerval.)

— *Mosaïque,* par Philippe O'Neddy (2);

— *Odes artistiques,* par Théophile Gautier.

— *Mater Dolorosa,* par Augustus Mac-Keat (M. Auguste Maquet).

—*Essai sur l'incommodité des commodes,* par Jules Vavre (ou Vabre), architecte.

1833.—Deuxième édition, Bouquet, successeur de Levavasseur, au Palais-Royal. Même tirage. Le frontispice au vernis mou est remplacé par une vignette à l'eau-forte de Célestin Nanteuil. — Cartouche estampé, encadré de figures de fantaisie.

Annoncés sur la couverture:

Du même auteur: — *Faust, dauphin de France,* un fort volume in-8º.

_____

(1) Le dramaturge.

(2) Anagramme de Dondey. C'est l'auteur de *Feu et Flamme,* dont nous reparlons plus loin.

— *Les Contes du Bousingo* (sic), (1) par une camaraderie.

— CHAMPAVERT, CONTES IMMORAUX, par Petrus Borel le lycantrophe. In-8°. Eug. Renduel.

(1) Comme la plupart des *ouvrages* annoncés dans cette liste, les *Contes du Bousingo* n'ont jamais paru. Une très-obligeante lettre de M. Th. Dondey de Santeny, l'auteur de *Feu et Flamme*, nous apprend quelle fut l'occasion de ce projet collectif et fixe en même le sens et l'orthographe du mot qui devait servir de titre au livre. Il ressort de cette lettre que la qualification de *Bousingots* ne fut jamais acceptée par la Jeune-France de la camaraderie de Petrus Borel. Elle leur fut au contraire infligée à l'occasion d'un procès au tribunal de police municipale, qui fit quelque bruit en son tems. Quelques-uns des camarades furent arrêtés une nuit dans les rues de Paris, pour avoir chanté trop haut et trop tard une chanson dont le refrain était : *nous ferons*, ou *nous avons fait du Bousingo* (du bruit, du bouzin.) C'était au moment du fameux complot de la rue de Prouvaires : la police alarmée engloba les perturbateurs dans la poursuite, et l'affaire se résolut pour quelques uns d'entre eux par une incarcération de quelques jours à Ste-Pélagie. Gerard de Nerval, un des incarcérés, a consacré dans un article intitulé *Mes Prisons* (inséré dans le Bohême Galante Michel Levy 1855), le souvenir de cette algarade. Cependant l'affaire avait fait du bruit, et le mot *Bousingo* était devenu populaire. Les journaux bien pensants affectèrent désormais d'appeler Bousingots les ennemis de l'ordre et du repos public. Ce fut pour donner aux bourgeois et à leurs journalistes une leçon d'orthographe que les amis résolurent de composer collectivement un recueil de contés auquel on donnerait le titre de conte du *Bousingo*. Le projet comme je l'ai dit n'eut pas de suite. Le seul Gérard, m'a-t-on assuré, aurait fourni sa contribution ; et le charmant conte de la *Main enchantée* qu'il publia plus tard, fut composé exprès pour ce recueil.

Vignette sur bois de Jean Gigoux, gravée par Godard, sujet du troisième conte : *André Vesale.*

Petrus Borel marque une phase, ou plutôt une déviation du Romantisme, produite par l'invasion de la politique dans la littérature, après la révolution de Juillet. Cette phase a eu son symbole, son type, le *Bousingo* (ou Bousingot), que l'on retrouve fréquemment dans les lithographies du temps, avec son gilet à la Robespierre, sa grosse canne, sa longue barbe et ses longs cheveux, coiffé tantôt de la casquette rouge à chaînette, tantôt du chapeau ciré. Le Bousingot transporta dans la vie politique le style et les allures de l'école Romantique. Ce fut une variété du genre Jeune-France, mais aussi rude, aussi cynique que les autres étaient *dandies* et raffinées. En véritable artiste il trouva tout de suite et avec génie la plastique de son idée. La passion de la couleur et de la *localité* avait poussé les écrivains romantiques vers le luxe et l'éclat. Le Bousingot plongea dans la crapule et affecta les habitudes populacières. Il opposa le *brûle-gueule* et le *petit bleu* aux narguilehs et aux hanaps. Des mêmes fusées, des mêmes soleils de métaphores qui se tiraient ailleurs en l'honneur des marchesines et des cathédrales, il fit des cartouches pour tirer sur le roi et sur les sergents de ville ; mais c'était bien au fond le même procédé et la même poétique. Romantiques et bousingots se rattachaient d'ailleurs par un point commun : la haine du bourgeois et l'horreur de la platitude. Les esprits les plus distingués de l'école subirent cette épidémie de la politique. Gérard de Nerval, qui avait chanté Napoléon sous la Restauration, en fut atteint des premiers, témoin la charmante Odelette qui commence ainsi :

Dans Sainte-Pélagie
Sous ce règne élargie...

Théophile Gautier aussi a payé tribut à l'*influenza* par ce sonnet de son premier recueil, qui justement a pour épigraphe deux vers *bousingots* du même Gérard :

> Liberté de Juillet, femme au buste divin,
> Et dont le corps finit en queue.
> GÉRARD.

Avec ce siècle infâme il est temps que l'on rompe,
Car à son front damné le doigt fatal a mis,
Comme aux portes d'Enfer : *Plus d'espérance!* — Amis,
Ennemis, peuple, rois, tout nous joue et nous trompe.

Un budget-éléphant boit notre or par sa trompe.
Dans leurs trônes d'hier encor mal affermis,
De leurs aînés déchus ils gardent tout, hormis
La main prompte à s'ouvrir et la royale pompe.

Cependant, en Juillet, sous le ciel indigo,
Sur les pavés mouvants ils ont fait des promesses,
Autant que Charles dix avait ouï de messes.

Seule, la poésie, incarnée en Hugo,
Ne nous a pas déçus ; et de palmes divines
Vers l'avenir tournée ombrage nos ruines.

Chez ceux-là, ce ne fut qu'affaire de mode et de fantaisie. La fusillade de Saint-Merry et les lois de septembre furent le Waterloo du bousingot. Du jour où il lui fut interdit de protester d'une manière *visible*, du moment où on lui retira ses insignes : son gilet, sa canne et sa pipe à tête de poire, le bousingot dut abdiquer. Il se fit homme grave, économiste et philosophe humanitaire, et écrivit, pour fronder la société et le pouvoir, des romans où *l'idée prédominait sur la forme*. Le Roman à *tendances*, cette monstruosité littéraire, est le seul legs que Bousingo ait laissé à la littérature du dix-neuvième siècle.

M. Petrus Borel, qui est mort en Algérie, il y a quatre ou cinq ans, avait publié, outre les ouvrages ci-desssus.

— *Madame Putiphar*, roman immoral, deux volumes moins illustrés par deux vignettes de Markl, que par la splendide composition poétique qui lui sert d'introduction ;

Robinson Crusoë par D. de Foë, traduction de Petrus Borel, enrichie de la vie de Foë par Philarète Chasles, avec notice sur le matelot Selkirk par Sainte Hyacinthe, sur l'Ile de Juan Fernandez, sur les Caraïbes et les Puelches par Ferd. Denis, et d'une dissertation religieuse par l'abbé la Bouderie. — Fr. Borel et A. Varenne, 1836, in-8o, 2 vol., 250 gr. s. bois, d'après Nanteuil, Devéria, Boulanger et Napoléon Thomas.

L'Obélisque de Louqsor, pamphlet publié originairement dans le livre des *Cent et Un* (t. XIII, 1832).

Il a fait, vers 1846, dans le journal *le Commerce*, des articles de critique dramatique qui ont été fort remarqués. La troisième édition de la facétie intitulée ; *Comme quoi Napoléon n'a jamais existé* (1836), est précédée d'une préface signée P. B., qui est de Petrus Borel.

Jérôme Chasseibeuf, nouvelle, l'*Artiste*, 1634, t. VII, deux vignettes de Devéria.

— *Le Trésor de la caverne d'Arcueil*, *Revue de Paris*, 1843. V. *l'Artiste* et autres journaux littéraires du temps.

On a vu au salon de 1839, un portrait au pied de Petrus Borel par Louis Boulanger. L'auteur de *Champavert* est représenté debout et la main appuyée sur la tête d'un gros chien assis à ses pieds. Ce portrait a été gravé à l'eau-forte pour l'*Artiste* par M. Célestin Nanteuil.

ÉRNEST FOUINET.

1832. — La Strega, roman par Ernest Fouinet, un des collaborateurs du livre des *Cent et Un*. *Paris*, Silvestre, 2 volumes in-8°.

Deux vignettes sur bois, par Jean Gigoux, gravées par Cherrier.

Ernest Fouinet est un de ces écrivains dont la fécondité étonne, quand sous leurs noms presque oubliés on veut mettre l'adresse de leur esprit. Avec des dons très-réels et très-variés, une instruction solide, une imagination vraiment poétique, Fouinet s'est perdu dans la multitude d'œuvres et surtout de talents qui ont pullulé autour de lui. On peut dire de lui comme de Fontaney, d'Arvers et de quelques autres, qu'ils peuvent servir à mesurer la force de l'époque où ils ont vécu; une génération littéraire qui laisse au second rang des talents aussi complets, prouve par là même sa puissance et sa fécondité.

Ernest Fouinet a eu ses brevets de poëte signés par Victor Hugo, dans les notes des *Orientales*, et par Sainte-Beuve, dans les *Consolations*, où une des pièces les plus remarquables lui est dédiée. Sa réputation littéraire date du livre des *Cent et Un*, auquel il fournit trois articles. Son premier roman, *la Strega*, publié en 1832, porte au-dessous de la

signature ces mots: *l'un des collaborateurs des Cent et Un.*
Deux ans auparavant, il s'était signalé comme orientaliste en
donnant à la Bibliothèque, choisie dirigée par M. l'abbé
Laurentie, un recueil de poésies orientales, traduites en
prose et en vers; c'est de ce recueil sans doute que sont
tirés les morceaux cités en notes par l'auteur des *Orientales*
et qu'il appelle « une poignée de pierres précieuses puisées
au hasard dans un riche écrin. » *La Caravane des morts*
(1836), récit très-dramatique, emprunté aux légendes Smyr-
niotes, se rattache aux mêmes études. Vers le même temps
parurent *un Village sous les sables, Roch le Corsaire,* et un
peu plus tard, *Gerson, ou le Livre des enluminures,* auquel
l'Académie décerna une mention. Divers recueils et keepsakes
du temps, entre autres les *Annales romantiques* (années 1826,
1830, 32, 34), *Paris-Londres,* etc., ont insérés des vers et
de la prose d'Ernest Fouinet. En 1839, il obtint l'accessit
au concours de l'Académie française, dont le sujet était l'*I-
nauguration du musée de Versailles.* Comme on le voit, la
poésie ne forme pas la partie la plus considérable du bagage
littéraire d'Ernest Fouinet. Néanmoins, comme chez tous
les écrivains de la même génération, qui tous ont débuté par
la poésie, on peut dire que c'est la faculté poétique qui domine en lui. Ses romans, un surtout, non pas le meilleur
peut-être, mais celui où l'auteur a pris le plus librement ses
allures et où il s'est épanché davantage, *la Strega,* ont tous
ce même caractère spontané et jaculatoire qui trahit l'homme habitué à obéir à l'inspiration. Grand sujet de méditation pour la critique actuelle! C'est surtout par la comparaison des romans de ce temps-là avec ceux d'aujourd'hui
qu'on apprend à faire la différence d'œuvres méditées à
loisir, entreprises et menées par l'amour du bien-faire et

3.

par le soin de se satisfaire soi-même, avec des écrits exécutés hâtivement, dans le seul souci de plaire au public et de remplir exactement le programme d'un directeur ou d'un rédacteur en chef. D'un côté les complaisances, les compromis, une uniformité déplorable dans les données et dans les moyens, uniformité commandée par la mode ou exigée par la *demande*; de l'autre, une originalité plus ou moins attrayante, plus ou moins de bon aloi, mais enfin de la variété, de l'imprévu, quelque chose de personnel et de libre qui fait songer davantage à l'homme et moins au tâcheron assis devant sa table: partant, plus de chances d'être amusé et surpris. Ainsi dans le roman dont je parle, à travers une fable attachante, où l'esprit du lecteur est comme balancé perpétuellement entre le fantastique et le réel, le poëte prend par instants la place du romancier: il décrit, il rêve, il évoque; ses souvenirs de voyage l'assaillent et il s'y arrête; l'émotion le gagne et il se livre à elle. Voici les paysages de la Sicile, les soleils couchants, les nuits étoilées sur le lac de Côme. Si l'héroïne, au sortir du couvent, se trouble dans l'appréhension du maître inconnu, l'âme du poëte aussitôt vibre à l'unisson de sa créature, et nous chante en prose rhythmée les *Plaintes de la jeune fille*; si l'époux outragé, domptant sa fureur, se résout à couver dans le silence une vengeance sûre, l'effet de ce silence effrayant s'empare des nerfs et du cerveau du narrateur; et voilà deux pages de strophes sur le Silence et sur sa puissance mystérieuse:

« Rien n'est sublime, imposant, effroyable comme le Silence : c'est le Silence qui produit les terreurs de la nuit, ou l'involontaire effroi qu'on éprouve dans un cimetière.

« Tout orage est précédée de silence; le ciel et la terre sont muets avant l'ouragan;

« L'on adore Dieu en silence, en silence on l'implore ; c'est la solitude et le calme de son temple qui en font la majesté redoutable.

« Si le silence du ciel nocturne, si le silence des morts nous épouvante, que sera-ce donc que le silence des vivants ?

« Le silence des vivants endormis nous communique la sensation de calme qu'ils éprouvent : ils ne font que rêver, mais le silence des vivants dont l'œil reste ouvert donne un sentiment de terreur pareil à celui qu'inspire le mystère de l'avenir et de la vie future.

« Quelles pensées minent et rongent ces hommes qui restent muets de longues heures au milieu du bruit ? Ce sont des pensées solennelles, qu'elles soient divines ou infernales.

« On révère l'homme taciturne parce qu'il inquiète : c'est par le silence que les prêtres de l'antiquité se préparaient aux divins sacrifices ou aux rites mystiques ; c'est par le silence que les chevaliers se préparaient aux grandes choses de la chevalerie ; c'est dans le silence que le magicien s'initiait aux hautes sciences et aux ténébreuses opérations.

Par le Silence on se rend redoutable, parce qu'on s'isole des hommes. Mais pour le silence ou la solitude, il faut de la force, — et Toraldi n'en avait pas, etc. »

Ces digressions lyriques, dont on a fait plus tard une manière, un procédé, me charment chez ceux qui les ont inventées. Je trouve à ces libres façons quelque chose qui sent davantage la méditation et le caprice d'un esprit solitaire et indépendant, et moins la régularité d'un fonctionnaire discipliné. Évidemment le garçon d'imprimerie n'attendait pas dans l'antichambre les feuillets de cette copie écrite à loisir, et la fatale *suite à demain* ne planait pas comme un vampire au-dessus de la tête de l'auteur. J'ai dit que *la Strega* n'était peut-être pas le meilleur roman d'Ernest Fouinet; *le Village sous les sables* serait sans doute mieux, au gré des esprits méthodiques, dans les conditions normales du genre: mouvement, pathétique, etc., etc. Tout ce que je puis dire, en me résumant, de ces ouvrages en prose d'Ernest Fouinet, c'est que ceux qui les liraient aujourd'hui y trouveraient plus de plaisir, du plaisir qu'on peut se promettre d'une lecture romanesque, que dans la plupart des écrits du même genre qui se publient actuellement.

L'auteur de *la Strega* avait en vers la grande manière de son temps. Il avait fréquenté à la place Royale, et une pièce de lui a été copiée sur les marges du fameux exemplaire de Ronsard, donné par M. Sainte-Beuve à Victor Hugo, et dont les amis du grand poëte avaient fait un album.

Ernest Fouinet avait été sous-chef au ministère des finances; il s'en est souvenu dans un de ses articles du livre des *Cent et Un*, intitulé : *le Jour du payement des rentes au Trésor*. Les deux autres ont pour titre: *une Course en omnibus; une Maison de la cité*.

FÉLIX ARVERS.

Mes Heures perdues, par Félix Arvers. *Paris*, 1833,
   Fournier, in-8o, imp. de Crapelet. Vignette sur chine:
   un papillon.

   Rarissime.

   Un sonnet a sauvé le nom de Félix Arvers, que ses
comédies et ses vaudevilles auraient peut-être laissé
périr. Ses poésies, publiées en plein Romantisme (1833),
contenaient plus de promesses que de chefs-d'œuvre;
mais c'était beaucoup dans un temps affamé de poésie,
où l'on tenait compte aux poètes de leurs moindres
bonnes intentions. Les deux pièces principales étaient
un drame, la *Mort de François I*er, et une comédie,
Plus de Peur que de Mal. Le drame était pathétique, la
comédie était spirituelle et gaie; mais surtout, on retrouvait, dans l'un comme dans l'autre, les vives préoc-
cupations du moment, la recherche de la tournure et du
style, la passion de la vie empruntée aux sources historiques de l'art étudié d'après les vieux modèles. *Plus
de Peur que de Mal* est un pastiche un peu léger, mais
assez amusant, des vieilles comédies romanesques d'a-
vant Molière et de ses premières comédies d'intrigue et
d'amour, le *Sicilien*, ou l'*Amour peintre*, *Sganarelle*
et l'*Etourdi*. Le drame raconte au vif et sans périphrases

la vengeance de l'avocat Féron. En tête du second
acte, dont la scène est *un mauvais lieu de la rue Froid-
mantel*, l'auteur a placé un avis en vers aux mères de
famille, oncles et tuteurs, pour les prévenir charitable-
ment que cet acte fourmille de *passages scabreux et de
vers immoraux* :

Si des livres nouveaux le ton vous scandalise,
Quelle nécessité qu'une vierge les lise ?
Est-ce qu'une œuvre d'art a la prétention
D'être un cours de morale et d'éducation ?
Non que j'approuve au moins ce barbouillage obscène
Qui déborde aujourd'hui la peinture et la scène !
L'art n'est pas éhonté, mais croyez qu'en effet
Votre étroite pudeur n'est pas du tout son fait ;
L'art n'est pas fait pour vous, mesdames les comtesses ;
Il s'accommode mal de vos délicatesses.
Pour vous, prudes beautés, bégueules de salon,
Qui n'osez regarder en face l'Apollon,
Qui jetez un manteau sur les lignes hardies
De la Vénus antique, etc.

On reconnaît le ton et les prétentions (la date d'ailleurs est la même) des premières strophes d'*Albertus*
et du premier chant de *Namouna*. Ce premier drame
d'Arvers est d'un bon style ; les vers en sont solides et
vigoureux. Nous en citerons un court échantillon, auto-
risés par l'extrême rareté du volume.

Féron s'adresse à François Ier, qu'il vient de surprendre aux genoux de sa femme :

C'est un étrange abus de ce que la naissance

A mis en votre main de droits et de puissance!
Que vous avais-je fait? et quelle trahison
A cette préférence a marqué ma maison?
Ai-je forfait aux lois? suis-je un sujet rebelle,
Ou tardif à payer la taille et la gabelle?
Ou bien suis-je entaché d'hérésie, et dit-on
Que ma voix ait prêché Luther et Mélanchthon?
J'étais calme et joyeux; le travail et l'étude
Suffisaient au bonheur de cette solitude.
J'étais heureux, j'avais une femme, et jamais
Vous ne pourrez savoir à quel point je l'aimais!
Elle m'aimait aussi, j'en suis sûr; et ma vie
Aux puissants de la terre aurait pu faire envie:
Quel infernal génie a donc guidé vos pas
Chez un pauvre bourgeois, qui ne vous cherchait pas?

N'est-ce point assez pour vous, lui dit-il, des faveurs empressées des dames de la cour?

La honte est un métier pour elles; leurs maris
Viennent là, sachant tout, en recevoir le prix.
Alors on les fait ducs et leurs femmes duchesses;
Pour eux sont les faveurs, pour eux sont les richesses;
On leur donne en retour l'ordre de la Toison,
Ou le droit de porter des lis dans leur blason.
Mais à nous, qui tenons ces honneurs pour infâmes,
Qui n'avons au logis que l'amour de nos femmes,
Simples et pauvres gens, pourquoi nous le voler,
A nous qui n'avons rien pour nous en consoler?

Il y avait bien là certes de la bonne éloquence dramatique; et l'on peut se demander comment après cela

Félix Arvers put aller faire naufrage dans le vaudeville. C'est qu'en ce temps là le théâtre était moins accessible qu'il ne l'a été depuis aux auteurs nouveaux. On avait encore peur alors, surtout au Théâtre-Français, du *spectre rouge* romantique. Pour s'y faire accepter, il fallait prendre la courbe, et se présenter avec un brevet de capacité signé de deux ou trois des tenanciers ordinaires du répertoire. C'était la règle et Arvers s'y conforma. Mais lorsqu'il revint au bout de cinq ou six ans avec son certificat signé Scribe, Bayard et Paul Foucher, toute une révolution s'était faite dans le goût public. Le Bourgeois longtemps roulé par le Rapin l'avait roulé à son tour. Ce n'était plus, au théâtre comme dans le roman, qu'homélies à la gloire des vertus médiocres et domestiques. Les chantres les plus intrépides de la *lagune* et du *Corso* avaient fait chacun leur *petite bourse bleue*, leur petite nouvelle bourgeoise et modeste. Et voilà pourquoi Arvers, le chantre de la Belle Féronnière, l'imitateur de Bocace et de Byron (car il y a de tout dans ses essais) fit son entrée au Théâtre-Français avec une comédie où il faisait parler en vers des avocats et des colonels.

Les autres pièces du volume d'Arvers sont, comme je viens de le dire, des imitations, point trop indignes cependant ni trop éloignées de ce qu'il prétendait imiter. La préface, d'un ton très-personnel et d'un sentiment très-fin, mériterait d'être citée, si nous pouvions multiplier les citations. Mais parmi ces imitations et ces réminiscences, odes, contes, etc., se trouvait un sonnet

exquis de forme et d'une invention délicate, — un sonnet! — ces quatorze vers ont suffi pour sauver la réputation poétique d'Arvers, malgré ses vaudevilles et sa
piètre comédie de *l'École du bon sens*. Les meilleurs
juges l'ont retenu : M. Sainte-Beuve tout des premiers
nous l'a recommandé ; et M. Jules Janin, au tome troisième de son *Histoire de la littérature dramatique*, l'a
cité avec ce commentaire, qui est la vraie oraison funèbre d'Arvers :

« .... On lisait pour lire, on lisait pour oublier ; on
lisait les petits écrivains parce que les grands étaient en
marche : le nombre est considérable des lecteurs que
M. de Balzac a donnés à ses confrères. — Tel jeune
homme, à lire les *Odes et Ballades* se trouvait poëte et
s'écriait : *Et moi aussi !* ... Nos souvenirs ont conservé
des pièces charmantes écrites sous la vive et première
impression de *Joseph Delorme*. Ecoutez par exemple
ce sonnet charmant, et dites-moi s'il n'est pas dommage
que ces choses-là se perdent et disparaissent comme des
articles de journal :

Ma vie a son secret, mon âme a son mystère,
Un amour éternel en un moment conçu :
Le mal est sans espoir, aussi j'ai dû le taire,
Et celle qui l'a fait n'en a jamais rien su.

Hélas ! j'aurai passé près d'elle, inaperçu,
Toujours à ses côtés et pourtant solitaire :
Et j'aurai jusqu'au bout fait mon temps sur la terre,
N'osant rien demander, et n'ayant rien reçu.

Pour elle, quoique Dieu l'ait faite douce et tendre,
Elle suit son chemin, discrète, et sans entendre
Ce murmure d'amour élevé sur ses pas.

A l'austère devoir pieusement fidèle,
Elle dira, lisant ces vers tout remplis d'elle :
Quelle est donc cette femme ? et ne comprendra pas.

« La langue est belle, la passion est vraie ; il faut y croire. L'auteur est mort au moment où il allait prendre sa place au soleil... » Toute la vie, toute la gloire de Félix Arvers tiennent dans ces quelques lignes. Il restera comme une preuve de plus de la fécondité de ce temps où les grands talents faisaient si vigoureusement germer les petits. En voyant ce que cette époque a laissé perdre, en relevant le trop-plein de son catalogue, on jugera quelle était sa force et quelle était sa grandeur.

Caliban, par deux ermites de Ménilmontant rentrés dans le monde. Dénain libraire, rue Vivienne. Deux volumes in-8°. 1833.

Deux vignettes, eau-forte, par Alfred Albert :

1° Caliban, d'après Kruikshank.

2° Sujet de la seconde nouvelle du tome II : *Le Monde et la Vertu*. — Imitation de la manière de M. Célestin Nanteuil.

Les deux ermites sont : l'un, feu Edouard Pouyat, ancien maître d'études, plus tard Saint Simonien et rédacteur du *Globe*, et qui, après la dispersion de la colonie de Ménilmontant, se fit homme de lettres. Il fut, en 1834, l'éditeur du magazine intitulé *les Etoiles*. L'autre, Richard Listener, nommé sur les annonces de la couverture, serait, suivant la *Lorgnette littéraire* de Charles Monselet, M. Charles Ménétrier, auteur dramatique, rédacteur de la *Gazette des théâtres*.

Annonces de la couverture :

— *Laquelle des deux*, par E. Pouyat, un vol. in-8°.

— *Après boire*, par A. Chevalier et E. Pouyat, 2 vol.

— *Contes dramatiques*, par Richard Listener, un des auteurs de *Caliban*.

———————

Les Étoiles, nouveau magazine, publié par Édouard Pouyat. Alex. Johanneau, éditeur. 1834.

Sommaire :

Prologue.

Le Cadavre, vers par Lassailly ;

Sagha Vamça, par Xavier Raymond ;

Rocambo, par Tristan ;

Histoire du Vaudeville, par Edouard Pouyat ;

Entre deux siècles, par Hippolyte Fortoul ;

Critique contemporaine : Victor Hugo, par B. Tilleul ;

Le clergé anglais, par milady Sophie Cavadia ;

M, Prosper Bias, par E. Pouyat ;

Si j'étais femme, vers par Jules Mercier ;

Hélène, par B. Tilleul.

Appendice.

La réunion est curieuse, Charles Lassailly est l'auteur des *Roueries de Trialph après son suicide* (1), folie des plus

---

(1) *Les roueries de Trialph notre contemporain avant son suicide*, par Ch. Lassailly. *Paris*, Sylvestre, 1833, in 8º.

Je me crois dispensé de revenir sur ce livre, dont on s'est beaucoup occupé à cause du titre, et qui n'est en fin de compte qu'une débauche d'esprit d'un feuilletonniste de l'école du bon sens exaspéré. — Il est parlé de Lassailly dans les *Mémoires* d'Alexandre Dumas, dans l'*Histoire de la littérature dramatique* de Jules Janin, et dans les *Souvenirs sur Balzac* de Léon Golzan.

Les Roueries de Trialph, devenues rares, après avoir traîné en nombre sur les quais pendant vingt ans, sont aujourd'hui recherchées à haut prix par ceux qui n'ont pas eu l'esprit de les ramasser dans la case à cinq sous.

J'ai joint à mon exemplaire (demi-reliure de Lortic) le poème sur *la Mort du fils de Bonaparte* (1832, une feuille in-8º), absolument ridicule. La couverture annonce deux romans philosophiques de l'auteur : *Robespierre* et *Jésus-Christ*. Ils n'ont point paru, et c'est bien dommage !

folles ; M. Xavier Raymond est rédacteur du *Journal des Débats*, et M. Hippolyte Fortoul a été ministre de l'instruction publique. Ce recueil se rattache comme tendance au romantisme Bousingot de Petrus Borel, plus la tendance utilitaire et le langage prophétique du Saint-Simonisme. L'étude sur Victor Hugo reproche déjà à l'auteur des *Orientales, de sacrifier l'idée à la forme.* Le prologue de l'éditeur est écrit dans le style mystique et imagé des brochures de Charles Duveyrier.

Le *magazine* d'Edouard Pouyat devait être une revue périodique. L'appendice annonce, parmi les articles qui devaient composer la seconde livraison, un *fragment* sur la philosophie de la *Médecine homœopathique*, par le docteur Léon Simon ; une *Histoire de l'invasion et des progrès du tabac à fumer*, par B. Tilleul ; un proverbe de MM. Coignard frères ;

(On ne s'attendait guère
A voir Coignard en cette affaire).

un *Traité de l'amabilité*, etc., etc. — Cette seconde livraison n'a jamais paru. Edouard Pouyat est mort avant 1848, rêvant un privilége de théâtre aux Champs-Élysées.

Ce filon saint-simonien n'était pas inutile à marquer dans une carte du Romantisme. D'ailleurs, le talent ni l'esprit n'ont point manqué à Edouard Pouyat et à ses amis. Ses contes, ceux de Richard Listener ne sont inférieurs ni par le style, ni par l'intérêt, à beaucoup d'autres fort vantés depuis. Pouyat était écrivain ; ses récits de la vie des jeunes littérateurs pauvres il y a trente ans ont une saveur de poésie que vingt ans de réalisme font goûter avec plaisir.

Le tome XIe des *Cent et Un* contient un vif et amusant article d'Edouard Pouyat : les *Déjeûners de Paris*.

LOUIS BERTRAND.

Gaspard de la Nuit, fantaisie à la manière de Rem-
- brand et de Callot, par Louis Bertrand; précédé d'une
notice par M. Sainte-Beuve. *Angers*, 1842, impri-
merie-librairie de Victor Pavie, rue Saint-Laud. A
Paris, chez Labitte, quai Voltaire. — *Rare*.

Dans l'article placé en tête de ce volume, M. Sainte-
Beuve a payé à Louis Bertrand la dette des contemporains. Il a marqué son rôle dans l'assaut auquel il a pris
part et signalé le pennon qu'il y porta. Pour nous, postérité d'un quart de siècle, qui sommes dans notre droit
en ayant plus d'égard aux résultats qu'aux efforts, quelle
place donnerons nous à l'auteur de *Gaspard de la Nuit.*

Sans réclamer pour lui le premier rang qu'il convient
sans doute de réserver à des talents plus amples et plus
robustes, je ne crains pas de dire que parmi les écrivains du second, en ce temps-là, il est peut-être celui
dont le nom est le plus assuré de vivre; par cette seule
raison qu'il s'est plus exclusivement qu'aucun autre
attaché à l'art. Il s'est placé lui-même dans la famille des
écrivains-artistes, les *architectes de mots et de phrases,*

comme a dit l'un d'eux (1), des Remi Belleau, des La-
fontaine, des La Bruyère, des Paul-Louis Courrier.
Son rôle dans la littérature du dix-neuvième siècle a
été de démontrer la puissance du mot et de ses combinaisons ; de faire voir tout ce que cette langue française
que, sur la foi du dix-huitième siècle, on s'obtine à considérer comme la langue abstraite du raisonnement et
de la discussion philosophique, peut acquérir entre des
mains habiles de relief, de couleurs, de nombre et de
sonorité. Il semble qu'il ait vanné tous les vocables de
la langue pour ne garder que les mots pittoresques,
sonores et chromatiques. Sa phrase courte est néanmoins très-pleine, parce qu'il en exclut avec rigueur
tout terme sourd, terne ou abstrait. Il y combine tous
les moyens d'expression et de relief, le son et la figure,
l'onomatopée et l'orthographe. Et c'est ainsi que dans
ses brèves peintures il arrive à des intensités d'effet pro-
digieuses auxquelles d'autres n'atteindraient que par de
longs développements, des répétitions, des surcharges,
etc. Des esprits absolus pourraient trouver dans cet art
si fini, si contenu, quelque chose de la minutie flamande;
mais Louis Bertrand ne prétendait pas se restreindre
toujours à ces compositions menues. Il songeait au
théâtre : il lut même au directeur d'un des théâtres de
Paris un drame qui lui fut rendu avec le regret de ne
pouvoir l'adopter aux exigences de la scène. Ce qu'il

(1) M. Jaubert.

serait curieux de rechercher, c'est l'article qu'il publia
vers 1828 dans les journaux de sa province, notamment dans le *Provincial* de Dijon, dirigé alors par M.
T. Foisset. Le *Patriote de la Côte-d'Or* devrait être
aussi feuilleté. Peut-être une page improvisée, animée
du souffle de la polémique, quelques morceaux déve-
loppés nous révéleraient-ils un Louis Bertrand nouveau
à côté de l'*Aloysius*, du patient émailleur des *sylves* et
des *chroniques*. D'ailleurs, même à défaut de ces renseignements, la préface romanesque de *Gaspard de la
Nuit*, petite nouvelle de vingt pages, et le beau fragment intercalé dans la notice de M. Sainte-Beuve (récit
d'une nuit passée dans une auberge bourguignonne),
prouveraient suffisamment que Bertrand savait s'étendre
et que la briéveté de ses ballades était la mesure voulue
de l'œuvre et non la mesure du talent de l'auteur.

Quoiqu'il en soit de nos conjèctures et de nos regrets,
le seul volume suffira à faire vivre le nom de Louis
Bertrand. L'importance du travail sous le rapport de la
linguistique, les qualités de précision, de sincérité, de
patience qu'y a dépensé l'auteur, donnent à ce livre une
valeur vraiment classique. C'est un des classiques du
romantisme, et l'art, qui comme toute divinité, récom-
pense au centuple le moindre effort fait en son nom, lui
doit un siècle d'immortalité.

La typographie même la plus recherchée est à peine
au niveau de cette prose si savante; il eut fallu l'art délicat d'un scribe du moyen-âge. Cependant ce volume
imprimé par M. Victor Pavie, avec le soin d'un ami et

dans le loisir de la vie de province, est un monument typographique assez remarquable. Les blancs n'y sont point ménagés et les caractères sont assez variés pour produire un effet pittoresque en rapport avec le génie de l'écrivain. Les exemplaires peu nombreux en sont devenus très-rares.

ANNALES ROMANTIQUES.

§ Ier.

1823-1836. Douze volumes in-18. Cette collection, qu'il est rare de trouver complète, a eu deux titres et trois éditeurs.

Le premier volume, celui de 1823, parut sous le titre de *Tablettes romantiques*, à Paris, chez Persan, rue de l'Arbre-Sec, et Pélicier, place du Palais-Royal (viij et 446 p.), préface signée J. A. : « ..... L'éditeur de ce recueil est resté neutre dans cette grande question. Il a entendu dire que le genre romantique n'existe pas, et il a rassemblé les pièces qu'on va lire ; il a entendu dire que le genre romantique est le genre détestable, et il a voulu mettre le public en état de juger, etc. » Ce premier volume a pour frontispice un dessin allégorique lithographié, représentant une femme voilée et drapée couronnée d'étoiles, et emportée dans les espaces sur un char antique attelé de deux chevaux noirs galopant.

La lettre nous dit que c'est là la *Muse romantique*; et
cette symbolique nous déconcerte un peu actuellement.
Il est au moins curieux de voir, dans ce dessin de Louis
Boulanger, quels attributs on donnait alors à la poésie
romantique : virginité, chasteté, éclat stellaire, aspira-
tion indéfinie vers la pureté céleste. Qu'on livre cette
allégorie en rébus aux esprits d'aujourd'hui, ils croiront
reconnaître ou la poésie mystique ou la vierge classique
des anciens palinods, ou encore la patronne de quelque
hérésie nouvelle. Ce n'est pas la muse vigoureuse, agile
et clairvoyante des *Orientales* ou de *Émaux et Ca-
mées*, qui se fait ainsi promener sur un char olympique
là travers l'azur silencieux. — En plus, quatre portraits,
ithographiés par A. Colin, de Soumet, Alexandre Guiraud, Ancelot et Charles-Nodier. Les plus grands noms
du temps se trouvent réunis dans ce volume : Châteaubriand, J. de Maistre, Lamennais, de Lamartine, C. Dé-
lavigne, Emile Deschamps, Alfred de Vigny, de La
Touche, Victor Hugo, Nodier, Béranger, Fontanes,
mesdames Valmore, Delphine Gay, etc. On y trouve
un fragment du poème de Grainville, le *Dernier Homme*,
inséré probablement par Ch. Nodier, et trois morceaux,
deux de prose, un de vers, d'Eugène Hugo, le second
frère de Victor Hugo, mort en 1837 (1) : la *Dernière*

(1) La *Bibliog. universelle*, qui nous donné cette date (suppl.
t. 67), mentionne du même auteur une ode sur la mort du duc
d'Enghien, et une ode à Murat. Le premier volume du *Conteur*,
veillées d'hiver, recueil publié par l'éditeur Carpentier, à l'imita-

assemblée des Francs-Júges, fragment ; la *Bataille de Denain*, ode, et le *Duel du précipice*, donné sans nom d'auteur. M. Sainte-Beuve, dans une première étude sur Victor Hugo (*Revue des Deux-Mondes*, 1831, tome III, 111e livraison), a dit quelques mots de ce frère, le cadet d'Abel Hugo, l'aîné de Victor, qu'il précéda dans la carrière poétique.

Après avoir parlé des doutes, des tourments, des *orages* qui assaillirent les poëtes dans ce temps de renouvellement et d'enfantement pour la poésie : — « Eugène, dit-il, à qui nous devons bien ce triste et religieux souvenir, Eugène, plus en proie à la lutte, plus obsédé et moins triomphant de la vision qui saisit toutes les âmes au seuil du génie et les penche échevelées à la limite du réel sur l'abîme de l'invisible, a exprimé cette pensée pénible, cet antagonisme désespéré, ce *Duel du précipice* ; la poésie soi-disant *erse*, qu'il a composée sous ce nom, est tout un symbole de lugubre destinée. Les nombreux articles de critique dans lesquels il juge les ouvrages et les drames nouveaux (1) respirent une conscience profonde et accusent un retour pénétrant sur lui-même, et comme un souci effaré de l'avenir. Après le succès de *Marie Stuart*, de M. Lebrun, il écrivit :

tion du *Livre des Cent-et-Un* et du *Salmigondi*, contient une nouvelle d'Eugène Hugo, intitulée : *Trahison pour Trahison.*

(1) Dans le *Conservateur littéraire*, rédigé par Soumet, Pellicier, et qui parut de 1819 à 1821 (V. Deschiens, *Bibliographie des Journaux*).

« *En général, une chose nous a frappé dans les com-*
« *positions de cette jeunesse qui se presse maintenant*
« *sur nos théâtres : ils en sont encore à se contenter*
« *facilement d'eux-mêmes ; il perdent à ramasser des*
« *couronnés un temps qu'ils devraient consacrer à de*
« *courageuses méditations ; ils réussissent, mais leurs*
« *rivaux sortent joyeux de leurs triomphes. Veillez,*
« *veillez, jeunes gens ; réunissez vos forces ; vous en*
« *aurez besoin le jour de la bataille : les faibles oi-*
« *seaux prennent leur vol tout d'un trait; les aigles*
« *rampent avant de s'élever sur leurs aîles.*—Et pour-
« tànt son hardi et heureux frère ne rampait déjà plus !»

En 1825, le libraire Urbain Canel devient l'éditeur des *Annales romantiques* et il continue de l'être jusqu'en 1828.

Le volume de 1825 a pour frontispice une vignette de Devéria, gravée sur acier par Fauchery, qui représente une jeune mère défendant son enfant contre la mort; sujet tiré d'une des pièces du volume : *la Mort*, par madame Amable Tastu. — Charmante vignette.

On trouve dans ce volume : la *Dolorida*, d'Alfred de Vigny; un fragment sur l'amour, de Benjamin Constant; le *Supplice des Suicidés*, ode de Chénedollé ; les *Adieux au collége de Belley*, de M. de Lamartine ; deux fragments en prose de Châteaubriand; le *Sylphe*, de Denne-Baron; le *Juif* et l'*Athée*, fragments par l'abbé de Lamennais; *Voltaire*, par le comte de Maistre; les *Adieux aux Romantiques*, de Charles Nodier; le *Centaure*, d'Alphonse Rabbe, etc. ; principaux collaborateurs :

Mesdames Tastu, Desbordes-Valmore, Delphine Gay, MM. Victor Hugo, Béranger, de Latouche, Philarète Chasles, Casimir Delavigne, Emile Deschamps, de Fontanes, Victorin Fabre, A. Guiraud, Guttinger, Jules Lefèvre, Loyson, A. Malitourne, feu Millevoye, Marchangy, de Salvandy, Scribe, Gaspard de Pons, de Rességuier, Villemain.

1826. Frontispice : le *Châtelain de Crozan*, sujet d'une ballade en prose de Henri de Latouche, dessiné par Desenne, gravé par Leroux.

La *Forêt,* de Châteaubriand; un rondeau de Clotilde de Surville; l'*Idiot*, ballade d'Ernest Fouinet; l'*Inconstant*, par madame Sophie Gay; la *Douleur d'une Mère,* par madame de Krudner (extrait de *Valérie);* *Auguste et Crocotas,* par Alphonse Rabbe; les *Oies,* fable, par Rouget de l'Isle; l'*Indifférence,* par le comte de Peyronnet; la *Cour d'Alphonse VI à Palerme,* par M. Villemain, etc., etc.

1827-28 (en un seul volume). Frontispice : l'*Esprit de Dieu,* sujet de l'ode de Lamartine, publiée dans ce volume; dessiné par Desenne, gravé par Fontaine.

Ce volume contient particulièrement : un fragment de l'*Homme sans nom,* de Ballanche; *Mon Grenier,* chanson de Béranger; des vers adressés à lady Blessington, par lord Byron, et la réponse en vers de lady Blessington (avec la traduction); l'*Aveugle,* par Théodore Carlier; des vers inédits d'André Chenier :

Près des bords où Venise est reine de la mer...

la *Résurrection*, par Antony Deschamps; sur *lord Byron et ses rapports avec la littérature actuelle*, article en prose, par Victor Hugo, déjà publié dans la *Muse
Française*; le *Roi des Eaux*, traduit de Lewis, par
Loëve-Weimars; *Dédicace à Châteaubriand*, par Elisa
Mercœur; un fragment du comte de Montlosier; l'*Ode
à la Rime* et le *Dernier Vœu*, de Sainte-Beuve (signés
S.-B.); le *Songe*, de Jean Paul, traduit par madame de
Staël; la *Mort*, sonnet de Monti, traduit par de Sten-
dhal, et enfin deux pièces de vers de M. de Balzac, que
je n'ai jamais vues réimprimées ailleurs :

A UNE JEUNE FILLE.

Ode.

Du sein de ces torrents de gloire et de lumière,
Où sur des harpes d'or les esprits immortels
Aux pieds de Jéhovah redirent la prière
    De nos plaintifs autels;

Souvent un chérubin à chevelure blonde.
Raillant l'éclat de Dieu par son front reflété,
Laisse au parvis des cieux son plumage argenté,
    Et descend sur le monde.

Comprenant du Très-Haut le sublime regard,
Il vient sourire au pauvre à qui tout est souffrance,
Et par son tendre aspect rappeler au vieillard
    Les doux jeux de l'enfance.

Il inscrit des méchants les tardifs repentirs;
A la vierge amoureuse il accourt dire : Espère!
Et le cœur plein de joie il compte les soupirs
    Qu'on donne à la misère.

De ces anges d'amour un seul est parmi nous
Que le soin de notre heur égara dans sa route;
En soupirant il tourne un regard triste et doux
    Vers l'éternelle voûte.

Ce n'est point de son front l'éclatante blancheur
Qui m'a dit le secret de sa noble origine ;
Mais son tendre sourire et l'accent enchanteur
    De sa plainte divine.

Ah! gardez, gardez bien de lui laisser revoir
Le brillant séraphin qui vers les cieux revole ;
Trop tôt il lui dirait la magique parole
Que pour nager dans l'air ils prononcent le soir.

Vous les verriez, des nuits perçant les sombres voiles,
Comme un point de l'aurore atteindre les étoiles,
    De leur vol fraternel ;
Et le marin, le soir, assis sur le rivage,
Levant un doigt craintif aux campagnes du ciel,
De leurs pieds lumineux montrerait le passage.

VERS ÉCRITS SUR UN ALBUM.

Le magique pinceau, les muses mensongères
N'orneront pas toujours de ces feuilles légères
      Le fidèle vélin ;
Et le crayon furtif de ma jeune maîtresse
Me confiera souvent sa secrète allégresse
      Et son muet chagrin.

Et quand ses doigts plus lourds à mes pages fanées
Demanderont raison de ses jeunes années,
      Aujourd'hui l'avenir,
Alors, veuille l'amour que de son beau voyage
      Le fécond souvenir
Soit doux à contempler comme un ciel sans nuage !

BALZAC..

En 1829, les *Annales romantiques* deviennent la
propriété de M. L. Janet, éditeur, rue Saint-Jacques,
qui en prévient le public dans un avis placé en tête du
volume de cette année, et qui annonce en même temps
que M. Charles Malo est chargé de la direction littéraire du recueil. Entre les mains de M. Janet, éditeur-
inventeur du *Keepsake français*, les *Annales* perdent
leur première physionomie. Le frontispice disparaît et
est remplacé par des collections de gravures anglaises
intercalées dans les volumes et correspondant plus ou
moins au sujet des pièces insérées. — En cette année-

là, M. Viennet fait, sous les auspices de M. Charles Malo, son entrée dans le camp Romantique!!

1830. — Ce volume contient la *Chaumière* de Louis Bertrand (réimprimée plus tard dans *Gaspard de la Nuit*), datée du 2 janvier 1829, et suivie de cette apostille, supprimée dans l'édition d'Angers : « *Le roi ne lira jamais cette pièce; mais mes amis la liront, et sauront que moi aussi je rêve tout éveillé; que je me suis bâti un châlet dans les Alpes, pour y couler de paisibles jours avec ma mère et mes sœurs, et que cet heureux châlet, hélas! est un château en Espagne!* — Le *Coteau* de Joseph Delorme, le *Songe* de Drouineau, les *Vers à la mémoire de Joseph Delorme*, d'Emile Deschamps; le *Sylphe*, d'Alexandre Dumas; le sonnet à *Deux heureux*, d'Ernest Fouinet, écrit sur la marge du Ronsard donné par Sainte-Beuve à Victor Hugo, et les stances de Fontaney à madame Nodier, que nous allons citer; le *Chien misanthrope*, d'Ymbert Galloix; la *Pluie d'été*, de Victor Hugo; *Parisina*, par Théodore Carlier, etc. Le nom d'Eugène Sue s'y trouve pour la première fois au bas d'un fragment de prose intitulé le *Billet d'amour*, probablement tiré d'un de ses romans :

A DEUX HEUREUX

(M. et Mme V. Hugo.)

Dans la création, tout est harmonieux,
Comme l'ordre éternel d'où jaillirent les mondes.
Sur de tendres yeux bleus tombent des tresses blondes;
De vastes rayons d'or voilent l'azur des cieux.

Les champs de la Provence, aux soleils radieux,
Sont pour les jeux, le rire et les joyeuses rondes.
Les forêts de Bretagne, obscurités profondes,
Sont pour l'isolement aux rêves soucieux.

Une femme penchée embrassant une harpe,
Déployant mollement son bras comme une écharpe,
C'est un groupe suave, une harmonie encor :

Mais la beauté, la grâce alliée au génie,
La colombe de l'aigle accompagnant l'essor,
C'est l'accord le plus beau : c'est là votre harmonie.

5 juillet 1829.

A MADAME N***.

Le luth et le pinceau, quand votre voix commande,
Prodiguent à l'envi les accords, les couleurs ;
Ce sont là les tributs dont on vous doit l'offrande ;
 Chaque gloire à votre guirlande
 Est fière de mêler ses fleurs.

La jeune muse a fait de ses nobles conquêtes
Flotter autour de vous les nouveaux étendards ;
Vous avez une cour de peintres, de poètes ;
 On voit rassemblés à vos fêtes
 Les fils de la lyre et des arts.

Qu'ils sont beaux vos concerts ! Tantôt, c'est Lamartine,
C'est ce jeune Ossian, chantre mystérieux

Des intimes amours ; homme à l'âme divine,
    Exhalant aux cieux qu'il devine
    Le souffle qui lui vient des cieux.

C'était ce cygne, hélas ! chantant son agonie,
Delorme, que la mort entre nos bras frappa ;
Puis, versant à grands flots sa fougueuse harmonie,
    Victor Hugo par son génie
    Emporté comme Mazeppa.

Tastu se dérobant à l'encens des louanges,
Et voilant de son luth la pudeur de ses traits ;
Deschamps, vif éclaireur de nos jeunes phalanges ;
    De Vigny, le frère des anges,
    Dont il a trahi les secrets.

D'une autre muse encor, votre fille, suivie,
Dans votre esquif brillant, sans qu'il s'arrête aux ports,
Voguez longtemps ; glissez, enivrée et ravie,
    Sur ce beau fleuve de la vie
    Pendant qu'on chante sur ses bords.

Des souffles de génie enflent toutes vos voiles ;
Pilote harmonieux et savant, un époux,
Une lyre à la main, les yeux sur les étoiles,
    Quand la nuit revêt ses longs voiles,
    Au gouvernail veille pour vous.

Bien longtemps il a bu dans une coupe amère ;
Mais de sa course enfin il a franchi l'écueil ;

La palme de son front n'était pas éphémère.

    Heureuse épouse, heureuse mère,

    Marchez donc dans un double orgueil.

Il s'est enraciné, le cèdre des montagnes,

Qui domine aujourd'hui les trembles, les ormeaux ;

Se tenant par la main, la vierge et ses compagnes,

    Fraîche guirlande des campagnes,

    Viennent danser sous ses rameaux.

Arbre-roi, qu'ont frappé des tempêtes sans nombre,

Chaque aurore l'a vu rafraîchi par ses pleurs ;

Que le ciel désormais soit brûlant, pur ou sombre,

    Le grand cèdre donne assez d'ombre

    Pour couvrir la forêt de fleurs.

1831.— Le *Ciel d'Athènes*, de Pierre Lebrun; scène du *Moïse* (acte IV) de Chateaubriand; la *Fée du Lac*, de Dovalle; *Misraël*, par Alexandre Dumas (souvenir du *Sylphe* de Victor Hugo); le *Palais de Nangasaki*, de Denne-Baron; la *Vie et la mort du Ramier*, de madame Desbordes-Valmore; les stances sur Saint-Germain, d'Émile Deschamps; les vers à *madame Pauline F****, signés Joseph Delorme; le *Duel du précipice*, d'Eugène Hugo (déjà donné, sans nom d'auteur, dans les *Annales* de 1823); les *Rêves*, de Victor Hugo (Amis, loin de la ville, etc.); le *Cri de l'âme*, de Lamartine; le *Printemps*, de Charles Nodier; les *Ruines de Pompéia*, d'Élisa Mercœur; la *Promenade*, par Jules de

Saint-Félix ; *Ursule et Henri,* ballade d'Ernest Fouinet (médiocre, et faite, je crois, pour servir de prétexte
à la gravure) ; la jolie ballade sur *Sorrente,* de Delphine
de Girardin ; et le sonnet de Théodore Carlier :

Désert, pour qui le ciel n'a pas d'eau fécondante,

d'un beau mouvement, mais imparfait ; la *Malade,* de
Gérard ; le *Dernier jour de Salvator Rosa,* de Henri de
Latouche ; la traduction fameuse du sonnet de Manzo-
ni, par madame de Staël (Jésus apparaissant à Adam,
dans les limbes) ; *Amertume,* par Drouineau ; une *Prière,*
par A. Fontaney, jolie de ton, mais pleine d'entortillages
et d'incorrections ; *Elle... et le vieux chien,* fragment
de prose d'Eugène Sue, etc. etc. De toutes ces pièces, in-
connues pour la plupart, et dont les plus remarquables
ont été réimprimées dans les *Œuvres* de leurs auteurs,
je ne vois véritablement à citer qu'une ode très-belle de
Polonius, *Ixion,* que je n'ai point retrouvée dans ses
deux recueils (1).

IXION.

Sur une roue infatigable,
Qu'emporte un vague tourbillon,
Je vois rouler comme le sable
Au vent fougueux de l'aquilon,
Autour de moi, voûtes brûlantes,
Spectres confus, ombres volantes,

(1) *Poésies de Jean Polonius.* Paris, 1827, in-8. — *Empédocle,*
vision poétique, suivie d'autres poésies, 1829, in-18.

Hymnes funèbres, chants hideux
... Et toujours la roue inflexible
Qui tourne, tourne irrésistible
A travers l'abîme orageux !

Quels oiseaux, en troupes bruyantes,
A grands cris la suivent dans l'air ?
Est-ce vous, hydres effrayantes,
Chiens terribles de Jupiter ?
J'entends des ailes dans le vide ;
Aux rayons de l'orbe rapide.
Je crois voir s'attacher des mains...
Est-ce vous, noires Euménides ?
Venez-vous dans mes flancs livides
Plonger vos ongles inhumains ?

Vaines paroles ! à ma vue
Tout fuit, tout passe sans repos ;
Autour de moi, dans l'étendue,
Formes, couleurs, tout est chaos,
De mes cheveux le vent me fouette ;
Mon cerveau bat contre ma tête ;
Mon cœur bondit ; et tout mon sang,
Comme un liquide qu'on secoue,
Des pieds au front, suivant la roue,
Tour à tour monte et redescend.

Quel supplice ! Et naguère encore,
Enivré du nectar des cieux,
Sur les nuages de l'aurore

Je pressais la Reine des dieux.
Nous mêlions tous deux nos haleines ;
Je sentais couler dans mes veines
Le feu divin de son regard ;
Quand soudain sur ma bouche avide
Se brisant, le fantôme vide
N'a laissé qu'un amer brouillard.

Ah ! reste, reste, douce image !
Daigne encore échauffer mon cœur.
Quoi ! tu n'étais qu'un vain nuage,
Qu'air glacé, qu'infecte vapeur !
Quoi ! ces yeux, ce regard humide,
Ces cheveux flottant dans le vide,
Ces traits souffrant de volupté,
Ces transports, cette vive étreinte,
Tout n'était qu'ironie et feinte
D'un spectre en mes bras avorté ?

Illusion ! fatale amie !
Qu'il est divin, ton court sommeil !
Mais sur le sein d'une furie
On se retrouve à son réveil.
Tu nous berces de rêve en rêve,
Ton flot sublime nous enlève
Jusqu'au cintre des cieux ouverts ;
Puis soudain l'onde se retire,
Et nous restons, comme un navire,
Couché nu sur des bancs déserts.

Mais qu'un autre pleure sans gloire
Sur ses rêves évanouis :
Je veux au fond de ma mémoire
En éterniser les débris.
Mon cœur s'attache à leur image
Comme la voile dans l'orage
Au mât par la houle emporté.
Oui, mon bonheur ne fut qu'un songe ;
Mais qu'importe, si le mensonge
Valut pour moi la vérité !

Je fus heureux ! moment d'ivresse,
De mon sein tu ne peux sortir.
Je fus heureux ! dieu ni déesse
Ne sauraient plus t'anéantir !
Que Jupiter sur toi s'attache !
Que sa main du passé t'arrache !....
Du passé, rebelle à sa loi,
Feuille éternelle, ineffaçable,
Ton souvenir impérissable
Est à moi, pour jamais à moi.

En vain, des sombres Euménides
Le fouet sanglant brise mes os;
En vain cent flammes homicide
Autour de moi roulent leurs flots;
De tes baisers, céleste amante,
La volupté toujours vivante

5.

Se mêle encor dans mes tourments
Au son des fouets, au bruit des ailes,
Au feu cuisant des étincelles
Que sur ma chair chassent les vents.

Tu croyais donc sur cette roue,
Tyran des cieux et des enfers,
En enchaînant un corps de boue
Charger l'âme des mêmes fers?
Elle se rit de ta puissance,
Cette âme altière; elle s'élance
Jusqu'au pied de ton trône d'or.
Elle vole, à ta main jalouse
Arrachant ta divine épouse,
Sous tes yeux l'embrasser encor.

Oui, dans ces gouffres de misère
Où ton pied m'a précipité,
Je jouis plus de ma chimère,
Que toi de la réalité.
Seul possesseur de ta déesse,
En ses bras la langueur t'oppresse;
Et, roi suprême, être éternel,
En vain tu cherches dans ton âme
Une étincelle de la flamme
Qui dévora l'humble mortel.

Ah! toi-même, ô dieu trop sévère,
En mon sein pourquoi l'allumer,

Cette flamme que sur la terre
Rien d'humain ne pouvait calmer?
A mon regard pourquoi toi-même
Offris-tu la beauté suprême
Dont l'Olympe admire les traits?
Si Junon m'était défendue,
Fallait-il à ma faible vue
Révéler ses nobles attraits?

. . . .

Ris, triomphe, insulte à mes peines!
Ce captif courbé sous ta loi,
Ce ver écrasé sous tes chaînes
Eut un cœur plus noble que toi.
Dévoré d'une ardeur grossière,
Tu viens sans cesse sur la terre
Chercher la basse volupté :
Et moi, faible enfant de la poudre
J'ai volé, jusque sous ta foudre,
Ravir l'immortelle beauté!

Le recueil de 1832 s'ouvre par la pièce d'introduction
des *Feuilles d'Automne* (ce siècle avait deux ans...). Les
noms nouveaux s'y produisent : Théophile Gautier, Gérard, Petrus Borel, Léon Gozlan. La pièce de Petrus
Borel, intitulée *Heur et Malheur*, n'est qu'un extrait
du *Barde*, déjà inséré dans les *Rhapsodies*. Théophile
Gautier a donné la *Demoiselle* ; Gérard, la pièce, tant
de fois réimprimée, *Sur un air ancien:*

Il est un air pour qui je donnerais
Tout Rossini, tout Mozart et tout Webre...

Il faut citer pour leur rareté une charmante pièce
d'Ernest Fouinet, la *Magie de la voix*, et une jolie romance de Régnier-Destourbet:

LA MAGIE DE LA VOIX

*A madame Louise L·**

ÉCRIT SUR UN ALBUM MUSICAL.

Notes qui vous taisez, retournez à votre âme,
Car vous n'en avez pas sans la voix d'une femme ;
Signes mystérieux des rhythmes ravissants.
Vous couvez, je le sais, des airs pleins de tendresse ;
Mais pour vous évoquer il faut l'enchanteresse
Qui vous fait mélodie avec ses purs accents.

Pour que l'encens parfume, il faut que l'encens brûle,
La harpe éolienne au mourant crépuscule
Ne soupire qu'au gré de la brise et du vent.
L'amour au fond du cœur serait longtemps encore,
Sans le regard, le mot qui le vient faire éclore,
Comme la fleur éclôt sous le soleil levant.

Les cordes ne sont rien sans la main qui les touche ;
L'œil n'est rien sans regards : et qu'est-ce que la bouche
Sans un mot caressant, un rire gracieux ?
Redemande ta vie, ô musique muette !
A celle qui te chante et qui rendrait poète
A ses accords si doux qu'ils font penser aux cieux !

RIEN, PLUS RIEN ! (1)

Dans la vallée en ton absence
Nos jolis oiseaux font silence.
Ils chantaient si bien autrefois,
    Clémence,
Quand ils entendaient près du bois
    Ta voix !

La jeune fleur dans la prairie
A présent se penche flétrie ;
La primevère était si bien
    Fleurie,
Quand tu venais ici !... Mais rien !
    Plus rien !

Rien, plus rien à l'âme trahie,
A l'ami qui n'a plus d'amie ;
Car j'ai laissé, dans tes yeux bleus,
    Ma vie,
Et suis seul où nous étions deux,
    Heureux !

Moins triste est la pauvre hirondelle
Qui ne trouve plus la tourelle

(1) Regnier-Destourbet paraît avoir eu une grande prédilection pour cette romance qu'il a rappelée et reproduite avec quelques variantes dans deux de ses romans. *Louisa* (chap. XI et *un bal sous Louis-Philippe* (C. XV). V. plus loin l'article sur Regnier-Destourbet.

Où chaque printemps, de retour,
    Fidèlé,
Elle chantait, volant autour,
    L'amour.

Mais pour goûter le charme de ces petites pièces d'une grâce un peu molle et déjà surannée, peut-être faut-il faire la part du temps. La langue poétique étant alors moins arrêtée qu'aujourd'hui, le poëte s'exprimait par des sous-entendus, par des attitudes, par des signes de convention que tout le monde entendait, et que nous n'entendons plus. Pour cette raison je ne citerai ni *les Ames* d'Alexandre Dumas, ni *les Bayadères* de Léon Golzan, qui, comme tournure et comme accent, paraîtraient invraisemblables aujourd'hui :

> Sonnez, tambours *chinois*, et dansez, bayadères !
> Voici les éléphants et les hauts dromadaires....
> Plus de pudeur ! Volez ! etc....

Laissons aussi dans l'ombre la *Marguerite* d'Auguste Barbier, qui, par sa mignardise à la Deshoulières, contrasterait peut-être agréablement avec la farouche énergie des *Iambes*, mais dont les grâces négligées déconcerteraient les lecteurs non prévenus. Il reste encore à signaler un des plus jolis contes de Mérimée, *Federigo*; *Octave*, d'Alfred de Musset ; *les Derniers moments du duc d'Albe*, fragment en prose de Jules Janin ; *les Amants de Montmorency*, d'Alfred de Vigny ; *le Comte Gatti*, d'Antony Deschamps ; un article de voyage de Charles

Dovalle, où l'on retrouve le rédacteur le petit journal
enfoui sous le poëte ; et une nouvelle fantastique d'Ho-
noré de Balzac, qui raconte les perplexités d'esprit d'un
homme sorti ivre d'un déjeuner de garçons et qui croit
avoir volé le dôme des Invalides. Enfin Brizeux, Casimir Delavigne, madame Valmore, Émile Deschamps,
Drouïneau, Chateaubriand, Lamartine, Guttinger, H.
de Latouche, Jules de Saint-Félix, Théodore Carlier,
Soumet, madame Tastu, complètent ce volume, un des
mieux remplis et des plus intéressants de la collection.
C'est qu'aussi l'on était en pleine lutte et en pleine fer-
veur littéraires, en 1832 !

Le poème de *Notre-Dame de Paris*, de Théophile
Gautier, réimprimé dans la *Comédie de la Mort*, inau-
gure le volume de 1834. La pièce rare du recueil est un
dialogue en prose d'Alfred de Musset, intitulé la *Ma-
tinée de don Juan*. La scène est à Paris. Don Juan s'é-
veille et sonne Leporello, pour lui demander le journal.
Les créanciers hurlent et se battent dans l'antichambre:
« Faites-les boire ! » Pour se désennuyer, Juan se fait
relire par son valet la liste des trois mille, en commentant
chaque nom d'un souvenir. Grand brouhaha sous les
fenêtres : ce sont des femmes qui passent, « jeunes,
vieilles, dévotes et fillettes. » Don Juan dicte à Leporello un billet de déclaration d'amour et lui ordonne de
le laisser tomber *sur le plus petit pied qu'il apercevra*.
Leporello décrit toutes les femmes qui passent une à
une ; le billet tombe aux pieds d'une grisette. — Réac-

tion en faveur du goût français du XVIIIe siècle contre les don Juan d'Espagne et d'Italie. — *Pauvreté*, par F. Arvers (déjà parue dans les *Heures perdues*); le *Marquis de Rosemonde*, par Jules Janin (extrait du *Piédestal*); un *Paysage*, poésie par E. Fouinet (médiocre); le *Prêtre*, nouvelle en prose de Josépin Soulary, d'un *poncif* audacieux; un sonnet de M. Paul Foucher; Théodore Carlier, Émile Deschamps, Ch. Dovalle, Drouineau, Victor Pavie (la *Forge*, odelette), Jean Polonius, Ed. Turquéty.

1835. — Fragment du poème de *Napoléon*, d'Edgar Quinet. — Odelettes par Gérard (de Nerval) : Il est un air pour qui je donnerais... — Déjà les beaux jours, la poussière... la *Grand'mère* (réimprimés dans la *Bohême galante*), et *Dans les Bois*, non réimprimé, que voici :

> Au printemps, l'oiseau naît et chante ;
> N'avez-vous pas ouï sa voix ?....
> Elle est pure, simple et touchante,
> La voix de l'oiseau — dans les bois !
>
> L'été, l'oiseau cherche l'oiselle ;
> Il aime, et n'aime qu'une fois.
> Qu'il est doux, paisible et fidèle,
> Le nid de l'oiseau — dans les bois !
>
> Puis quand vient l'automne brumeuse,
> Il se tait avant les temps froids.
> Hélas ! qu'elle doit être heureuse,
> La mort de l'oiseau — dans les bois !

'Le *Printemps en Bretagne,* prose, par Châteaubriand; *Laura,* sonnet, par Auguste Barbier :

Dans Avignon la sainte, à l'ombre d'une tour,
Parmi les murs croulés d'un cloître solitaire,
Deux noirs et longs cyprès groupés avec mystère,
Et quelques fûts de marbre, allongés alentour,

Voilà ce que le Temps, ce vieillard sans amour,
De la tombe de Laure a laissé sur la terre ;
Voilà ce qu'il a fait de cette dame austère
Qu'un poëte chanta jusqu'à son dernier jour.

Mais qu'importe, après tout, qu'il ne reste rien d'elle?
Le bon Pétrarque a fait sa mémoire immortelle
Et rangé son beau corps à l'abri du trépas ;

Car ces pieux sonnets sont un tombeau splendide,
Où le temps usera toujours sa faux rapide,
Et que son large pied ne renversera pas.

Paganini, par madame Desbordes-Valmore; *Melancholia,* par Théophile Gautier; l'*Homme et la Fourmi,* par Ch. Nodier; *la Grande Chartreuse,* par Alexandre Dumas, stances; *Neuf heures,* poème en prose, par Alphonse Karr; le *Malheur,* à M. le vicomte de Bonald, par le comte de Peyronnet (daté de Ham); Th. Carlier, Emile Deschamps, Alphonse Esquiros, madame Ségalas, Emile Souvestre, E. Turquéty.

1836. — Scène de *Cromwell,* de Victor Hugo ; sonnet de Charles Nodier, *à Émile Deschamps :*

Mon nom parmi leurs noms ! y pouvez-vous songer.....

L'*Ange gardien,* par Mme Valmore ; *les Superstitions de l'Amour,* par Henri de Latouche ; *la Médecine de Chiron* « hérologue » par Nepomucène Lemercier ; *Après le bal* et *Rococo,* par Théophile Gautier ; *une Scène des Apennins,* par Emile Deschamps. — Jules de Résségnier, l'*Amour d'une femme ;* Ernest Fouinet, *Retour du bal ;* Chénedollé, Léon Gozlan, Guttinger, Le Flaguais, Mme Hermance Lesguillon, Élim Metschersky, Jules de Saint-Félix, Soumet, Turquéty, etc.

La pièce la plus intéressante du volume est une ardente élégie de M. Philarète Chasles, intitulée *Ma Mère !* C'est la plus longue pièce de poésie que nous connaissions de cet auteur. — Notons encore, pour la curiosité, une *Vision* de M. Alexandre Bida, pastiche romantique des plus violents. Si le signataire de cette pièce est le peintre, aujourd'hui célèbre, de ce nom, il clôt dignement dans ce dernier volume des *Annales romantiques* la série des artistes-rapsodes de vers 1830.

§ II.

Avant de clore ce chapitre des *Annales romantiques*, je voudrais revenir en quelques mots sur quelques-uns des poètes dont les noms s'y retrouvent le plus souvent.

Il va sans dire que je n'ai en vue ni Chateaubriand, ni Charles Nodier, ni Théophile Gautier, ni aucun de ceux sur qui la renommée n'a rien laissé à dire ; mais ceux-là seulement qui, après avoir été de bons soldats et d'utiles pionniers pendant le siège, ont été, au jour de la victoire, noyés dans la gloire des chefs, et dont les efforts partiels marquent plus sensiblement la marche de l'entreprise et la difficulté du but poursuivi. Chacun d'eux nous montre dans son œuvre, ceux-ci sous le rapport du sentiment, ceux-là sous le rapport de la langue et du style, une fraction de l'effort général ; et, malgré l'inégalité de ces résultats particuliers, n'est-il pas juste, autant qu'il est intéressant, après le triomphe définitif et éclatant de la Muse moderne, de réclamer au nom de l'art tout le talent, tout l'esprit, tout le génie même (il y en a souvent dans ces œuvres oubliées) qui ont contribué à l'assurer ? On est frappé, en serrant de près ces hommes et ces œuvres éclipsés, de la supériorité des talents secondaires d'alors sur ceux du même ordre dans le temps présent.

Quelques-uns de ces oubliés du XIXᵉ siècle, Arvers, Ernest Fouinet, Dovalle, Régnier-Destourbet, nous ont fourni l'occasion de les étudier dans l'ordre méthodique de ce catalogue. Quelques autres, tels que Fontaney, Jean Polonius, Ulric Guttinger, Drouineau, Théodore Carlier, J. de Saint-Félix, ne pourraient, sans injustice et sans regrets, être négligés à côté d'eux.

FONTANEY, dont nous avons cité deux pièces au paragraphe précédent, est un des plus distingués parmi les poètes de ce rang. Né en 1803, il prit pendant dix ans, de 1827 à 1837, date de sa mort, une part active à la rédaction de la *Revue de Paris* et de la *Revue des Deux-Mondes*. Les divers *keepsakes* et recueils littéraires, et le *Livre des Cent et Un* contiennent de ses vers et de sa prose.

Le sonnet suivant, qu'il adressa à Victor Hugo, le 19 Août 1829, au moment où le poète venait de refuser l'indemnité que lui offrait le ministère, en compensation du refus de laisser jouer *Marion Delorme*, et qui s'est retrouvé inscrit sur les marges du fameux Ronsard (1) dédié par M. Sainte-Beuve à l'auteur des *Odes et Ballades*, a été longtemps célèbre comme un des premiers sonnets *parfaits* qu'eût produits la nouvelle renaissance poétique :

(1) Voir, sur ce Ronsard-Album, le *Tableau de la poésie fran-*

Sur un trône plus haut encor, viens te placer ;
Tu l'avais dit : Ton sceptre, ô Victor, c'est ta lyre.
Les insensés pourtant, quel était leur délire !
Avaient cru que son poids te dût sitôt lasser !

Quoi ! sur ton char de gloire en te voyant passer,
Par cet appât vulgaire ils pensaient te séduire,
Et que, dans ton chemin, cet or qu'ils faisaient luire,
Comme un prix de tes chants tu l'irais ramasser !

Majesté du génie, à toi le diadème
Radieux, éternel ; tu l'as conquis toi-même,
Et tu sais le porter, et tu ne le vends pas !

Qu'ils tremblent de fouler ces domaines de l'âme,
Tes royaumes, volcans assoupis, dont la flamme
A ta voix, en Etnas, jaillirait sous leurs pas.

Le premier livre de Fontaney, qui est un recueil de
vers (2), parut en 1825. C'est de ces essais comme on en
faisait tant alors, dans une époque tourmentée de poésie, où chacun était en quête du modèle. L'auteur va de
Bürger à Thomas Moore, et de Woordsworth à Manzo-
ni. La *Lénore*, l'*Ode sur Napoléon Bonaparte*, morceaux classiques alors et qui furent pour l'éducation littéraire des contemporains de Fontaney ce que le *Cimé-
tière de campagne* de Gray avait été pour l'éducation de

çaise au seizième siècle, de Sainte-Beuve, édit. Charpentier, p.
315, et le n° 4 de la 1ʳᵉ année de la *Correspondance littéraire* de
Ludovic Lalanne.

(2) *Ballades, Mélodies et Poésies diverses*, par M. Fontaney.
In-18.

la génération précédente, y sont traduits sans trop d'infé-
riorité à l'original. Fontaney s'y montre ce qu'il fut toute
sa vie, non seulement au courant, mais à toute la hauteur
des idées et des inspirations de son temps. Il fut un de ces
poètes de la prose, poètes par leur éducation, qui de leurs
premières luttes avec la langue et de leur attrait naïf vers
le Beau, gardèrent toujours dans leurs écrits un soin exquis et un goût scrupuleux. Poète il était même dans sa
vie, terminée par un roman douloureux dont les mémoires d'un célèbre romancier nous ont livré à demi le
secret (1). Ceux qui l'ont connu nous le dépeignent
comme un homme élégant, spirituel, passionné, mais
plein de réserve et de pudicité, comme sont toutes les
âmes délicates qui craignent incessamment de se commettre ou de se vulgariser. Cette réserve quelque peu
britannique, accrue peut-être de son commerce assidu
avec la littérature et la société anglaises, se dénote encore par la répugnance qu'il avait à livrer son nom au
public. Les *Ballades et Mélodies* sont en effet le seul
ouvrage que Fontaney ait signé de son nom véritable.
Dès 1833, les articles qu'il publia dans les revues ne
sont plus signés que d'un Y ou de divers pseudonymes,
Andrew O'Donnor et surtout *Lord Feeling,* nom qui
semble une réminiscence du roman célèbre d'Henry
Mackensie. A peine savons-nous aujourd'hui quel était
son prénom, dont il ne livra jamais que la lettre initiale.
On nous a raconté comme une preuve de ce dégoût, de

(1) Voir l'*Histoire de ma vie,* par George Sand, t. IX.

cette peur instinctive de la publicité donnée à sa personne, qu'il affectait, au théâtre, de se placer ailleurs
que là où se tiennent ordinairement les gens de lettres,
afin d'éviter de paraître profiter de ses entrées.

Tel il est aussi dans ses œuvres, pleines de délicatesses
et de grâces contenues. Ses articles de critique, d'une
maturité de jugement et d'une finesse de goût qui les
ont empêchés de vieillir, sont semés de malices fuyantes
et d'ironies couvertes qui rappellent les pince-sans-rire
de la bonne compagnie. Jamais il n'éclate, jamais il ne
se fâche, jamais il ne blesse : mais à propos des femmes-
poètes, des poètes *dévots ou convertis,* il a tout à coup
des réticences, des concessions, des scrupules qui, par
le flegme et l'impassibilité même, arrivent à l'extrême
comique. — Les nouvelles de Fontaney sont des aventures esquissées plutôt que racontées, moins des récits
que des confidences, moins des tableaux que des *esquis-
ses,* comme il les appelait lui-même. Dans l'*Adieu,* publié dans la *Revue des Deux-Mondes,* en 1832, un
jeune attaché d'ambassade hante, pendant toute une année, à Madrid, le salon d'une très-jeune comtesse ma-
riée depuis un an à peine. Il reçoit tout à coup de son
gouvernement l'ordre de partir pour le Brésil, et c'est
dans une dernière entrevue qu'il s'aperçoit qu'il est
éperdument amoureux de la jeune dame et qu'il en est
très-tendrement aimé. Le suprême adieu s'échange dans
un petit salon solitaire, à deux pas du mari, à la faveur
d'un air espagnol que la comtesse chante en étouffant
ses sanglots.

L'Espagne et l'Angleterre étaient connues de Fontaney. Après la révolution de Juillet il avait été attaché,
dans un poste un peu vague, nous dit-on, à l'ambassa-
deur de France à Madrid, M. le duc d'Harcourt. Cet
essai de la carrière diplomatique, suivi, nous dit-on encore, d'amers désappointements, fut du moins pour Fontaney l'occasion de charmantes études, d'un accent très-
poétique et très-personnel, publiées par la *Revue des
Deux-Mondes,* et dont une partie seulement a été
réimprimée en volume (1); cette publication mériterait
d'être complétée.

M. Ulric Guttinger a été l'un des hérauts du réveil
de notre poésie au commencement du siècle. L'importance de son rôle à cette époque nous est attestée par
d'illustres témoignages: Victor Hugo lui a dédié une
ode; Sainte-Beuve a chanté *à* lui et *pour* lui; et tout
le monde connaît ces vers que lui a adressés Alfred de
Musset dans les *Contes d'Espagne et d'Italie:*

Ulric, nul œil des mers n'a mesuré l'abîme,
Ni les héros plongeurs, ni les vieux matelots.
Le soleil vient briser ses rayons sur leur cime,
Comme un soldat vaincu brise ses javelots.

Ainsi nul œil, Ulric, n'a pénétré les ondes
De tes douleurs sans borne, ange du ciel tombé.
Tu portes dans ta tête et dans ton cœur deux mondes,
Quand le soir près de moi tu viens triste et courbé.

(1) *Scèncs de la vie castillane,* in-8º (rare), 1835.

Mais laisse-moi du moins regarder dans ton âme,
Comme un enfant craintif se penche sur les eaux;
Toi, si plein, front pâli sous des baisers de femme,
Moi, si jeune, enviant ta blessure et tes maux !

Ces vers, datés de juillet 1829, indiquent l'idéal
qu'on cherchait alors de tous côtés dans les arts et dans
l'Art en général : — la Passion, — la Passion absolue
et implacable, la Passion-martyre, la Passion-île *escar-*
pée et sans bords, où brûlait d'entrer pour n'en jamais
ressortir, pour y mourir assouvie et consumée, toute
une génération d'hommes à qui les abus d'esprit du
dernier siècle avaient donné l'horreur de la galanterie
banale et de la licence fleurie. Etre heureux et *en* mourir ! tel était le cri de toute la jeunesse d'alors; cri de
désespoir, qui accusait l'ennui de la vie qu'on lui avait
faite et le besoin impérieux de se reprendre à quelque
chose de mâle et de périlleux.

Ceux qui chercheraient dans les poésies de Mʳ. Ulric
Guttinger, dans les premières surtout, cet accent de passion violente et fatale, seraient peut-être déçus par la
douceur, je dirai presque par la langueur du ton et de
l'expression. Habitués, par huit années de Victoires et
Conquêtes de la poésie, à la facture riche et à la sévé-
rité rhythmique, les lecteurs d'aujourd'hui trouveraient
terne et un peu lâché ce style en vers libres, et dont le
ton est plutôt celui de l'émotion timide que celui de la
passion même. Et pourtant, à de certains cris, à de certains débuts surtout, on reconnaît un poëte préoccupé

6.

de varier, ou, si l'on veut, de régénérer le langage de l'amour, en s'essayant à rompre par de sincères élans le moule suranné de la galanterie poétique :

Ils ont dit l'amour passe, et sa flamme est rapide...

Oh ! pourquoi dans tes yeux cette douleur rêveuse...?

Ah ! je voudrais mourir : vous pleureriez peut-être,
Je le verrais du ciel, si l'amour y conduit !

C'était là des notes nouvelles, et qui devaient se faire écouter. Je trouve dans un petit poëme, le *Bal,* publié en 1824, avec le sous-titre significatif de *poëme moderne,* la tentative avouée de rajeunir non-seulement la langue, mais la matière poétique, en dégageant, comme on a plus tard appris à le dire, l'élément épique ou drama- tique des mœurs contemporaines. Coquetterie, jalousie, duel ; l'amant véritable, l'amant aimé meurt de la main de son rival d'une soirée, et triomphe par sa mort de l'infidélité de sa maîtresse, qui meurt de douleur après lui. C'était là le petit drame que chacun voulait faire en ce temps-là, en s'inspirant plus ou moins de *Childe- Harold* et du *Corsaire,* et comme contraste aux lacs de félicité des voltigeurs de l'ancien régime poétique. Ce petit poëme, que je ne voudrais pas défendre ou louer absolument, reste dans l'expression bien loin sans doute de l'art qu'on entrevoyait déjà. La périphrase, les phrases détachées et fondues à la Delille y abondent ; les *Beautés renommées* s'y couronnent de touffes de roses,

Sous les doigts de *Nattier* nouvellement écloses.

et plus d'une respire avec un *doux soupir*

> Le bouquet dont Arthur se plut à l'embellir.

> ..... C'est lui, bonheur suprême !.... etc

Mais enfin il y a là une bonne volonté manifeste d'être
neuf et d'être vrai. Triompher dans la mort ! C'était
bien alors une innovation ; car le beau vers de Quinault
dans *Atys*, si maladroitement critiqué par Boileau,

> . Je suis assez vengé, vous m'aimez, et je meurs !

était à coup sûr bien oublié. Il semble què c'eût été là
la vraie destinée de M. Guttinger et son rôle véritable
de montrer et d'éclairer les voies, d'un peu loin quelquefois, sans jamais y entrer lui-même bien avant. Mais
dût-on n'entrer que des yeux dans la Terre promise, le
rôle de Moïse est assez beau. Aussi, quoique M. Guttinger ait atteint plus tard à plus de fermeté et à plus
de rigueur dans la facture, quelque bien qu'il ait pro-
fité pour lui-même de la révolution dont il avait été l'un
des promoteurs, c'est dans ses premières œuvres surtout
que j'aime à rechercher l'effort, l'accent, le cri de la
poésie du dix-neuvième siècle à son éveil. C'est là, en
effet, dans cette langue un peu hésitante où la passion
se fait jour par éclairs et par élans, où le vers, souvent
dru et *spacieux*, comme le voulait Joseph Delorme,
traîne après lui une queue de vieilles formules et de
vieux tropes qui parfois le font trébucher ; c'est dans
cette lutte avec l'inconnu et dans ce déblayement du

passé que se trouve le vrai Guttinger, l'Ulric héroïque, le précurseur, le pionnier.

De 1824 à 1845, date de la réimpression des poësies complètes de M. Ulric Guttinger, je compte quatre publications successives : les *Mélanges poétiques, le Bal, Charles VII à Jumiéges* (1827), suivi de poëmes et de poésies diverses, et un dernier recueil publié chez Fournier en 1829, sans titre ni signature, « vrai idéal d'impression comme en doit souhaiter pour ses *Arcana cordis* tout poëte amoureux, délicat et dédaigneux, » et qui contenait « l'histoire d'une passion alors encore brûlante. » Ce n'est qu'en 1836 que M. Guttinger reçut la consécration de ses efforts et de son talent par la main de son illustre ami M. Sainte-Beuve, et à propos d'un ouvrage en prose, d'un roman, publié sans nom d'auteur, et qui était en même temps la confession du poëte et le commentaire de son œuvre.

Arthur n'était pas, il est vrai, le premier roman publié par M. Guttinger. *Nadir*, histoire orientale en prose et en vers, où l'auteur s'est inspiré du *Lalla Roockh* de Thomas Moore, avait paru précédemment avec l'approbation de Charles Nodier. Un autre roman, d'un genre tout différent, comme l'indique son titre *Amour et opinion*, avait encore paru vers 1827 (1) « Elégie de fin d'empire, écrite par un ex-garde d'honneur, dit M. Sainte-Beuve, où les personages sont de beaux colonels et des

(1) *Amour et Opinion*, histoire contemporaine par Ulric Guttinger. Renon libraire rue Hautefeuille, 2 v. in-12.

généraux de ving-neuf ans, de jeunes et belles comtesses de vingt-cinq ; où la scène se passe dans les châteaux et le long des parcs bordés d'arbres de Judée et de Sainte-Lucie. » *Amour et opinion*, peinture de la société sous l'Empire, pouvait être l'introduction d'*Arthur*, où les sentiments et les mœurs de la Restauration sont peints avec une fidélité très-vive. Quoi qu'il en soit, de l'aveu du critique, ami non suspect de l'auteur, *Arthur* est bien *le seul et vrai roman d'Ulric Guttinger*, et *dispense de lire l'autre.*

Ce roman écrit avec le soin exquis que les poëtes mettent à leur prose, est l'histoire d'une âme de poëte ; une élégie encore, mais une élégie fortifiée de ce que la poésie avait gagné de 1815 à 1830. Toute la première partie, où le poëte, que le désespoir, le dégoût, la fatigue de souffrir doivent plus tard jeter aux pieds de Dieu, raconte ses agitations et ses combats, est un vrai roman tel que le pouvait écrire un homme qui avait vécu de toute la vie d'une époque, et que réclament dans l'ordre littéraire, *Valérie, Obermann, Rouge et Noir,* le *Monde comme il est.* tous les meilleurs de ce temps-là. C'est bien là la lutte dont je parlais tout à l'heure de gens nés trop tard pour la guerre, et qui cherchent les combats dans la vie. Les passions nées de l'oisiveté de la Restauration, passions de la tête et du cœur, débats littéraires, luttes autour du piano, y sont exprimées avec une finesse, avec une intelligence, qui déjà donnent au livre tout l'intérêt des mémoires. L'homme du monde de la Restauration, l'homme des salons, le *beau*, demi-causeur,

demi-héros, y est étudié et parfois résumé d'un trait
qui l'évoque et le fait vivre. « C'est un mélange du
Gymnase, de *Corinne*, et de la comédie française; le
Werther s'y montre par instants, mais avec une cer-
taine pudeur. » *Valérie* n'eût pas mieux dit. M. Sainte-
Beuve note avec raison, parmi les pages les plus frappantes du livre, parmi celles où l'art a le mieux retenu
l'émotion, une fuite en chaise de poste par un temps
gris, sur une route défoncée par les pluies d'orage, et
où mille accidents rappellent le voluptueux et le romanesque au spectacle des maux réels de l'humanité : la
rencontre d'une diligence sordide, peuplée de figures
ignobles et fatiguées; un marché de petite ville, où mar-
chands et acheteurs se querellent dans la boue; le cantonnier broyant les cailloux sur le bord de la route :
« Un vieux roulier, d'un teint plus cuivré, plus fatigué
que celui d'un nègre africain penché dans les sillons de
l'Amérique, s'approcha du cantonnier et alluma sa pipe
noire au charbon de la sienne. Le regard, le silence de
ces deux misérables créatures, le remercîment sombre
et court de cette *consolation* si bizarrement puissante,
me sont pour toujours présents. — Le roulier retourna
à ses maigres chevaux... Le fouet s'agite, siffle ! une
imprécation se fait entendre avec une malédiction du
malheur au malheur ! La voiture marche avec ce cra-
quement des roues qui brisent le pavé et semble aussi
le gémissement de ce qui est animé sur la terre, où il
faut que tout souffre et se plaigne. Ce gémissement m'a
souvent causé une émotion profonde dans les nuits

passées en la chambre bien close de quelque beau château paisible, entouré des vieux arbres d'un parc voisin d'une grande route peu fréquentée. Eveillé par une rêverie heureuse dans mon lit d'oisif et d'homme inutile, j'entendais, avec je ne sais quel trouble mêlé de remords, ce bruit nocturne du roulier lointain, ce broiement lent et laborieux de la terre telle que l'ont faite les hommes... » J'ai donné toute la page, parce que, après tout, la prose d'un poëte est encore de la poésie, et que dans cette prose de Guttinger se trouvent un accent mâle et une énergie qui manquent quelquefois à son talent poétique.

Dans ses *Portraits contemporains*, M. Sainte-Beuve a réuni dans un même article Charles Loyson, Aimé de Loy et JEAN POLONIUS. C'était en quelque sorte marquer la gradation d'une même inspiration et sa marche à travers le temps. Loyson, mort en 1820, est, comme le dit M. Sainte-Beuve lui-même, un intermédiaire entre Millevoye et Lamartine. De Loy, qui vécut jusqu'en 1834, indique une nouvelle transition, celle des premières élégies en vers libres : *Cueillons, cueillons la rose au printemps de la vie ; Oui, l'Anio murmure encore,* etc., aux premières pièces rhythmées des *Méditations : le Lac, le Soir, l'Automne, l'Isolement.* Avec Labenski, son contemporain, mais qui lui survécut de quelques années, nous sommes en plein Lamartine et même un peu au delà, entre les nouvelles Méditations et les poëmes philosophiques de M. de Laprade, par exemple. Parvenu à une époque de maturité poétique, Labenski put donner à son génie un développement plus libre. Certaines pièces d'un exécution très-ferme, telles que l'*Exil d'Apollon*, ou certaines parties de son *Empédocle*, sont bien à lui et d'un caractère qui lui constitue une originalité de bon aloi. Son âme de philosophe s'y meut à l'aise et pleinement dans une forme grave et arrêtée, aussi distante de la mysticité vague du Lakisme français, que de la frivolité du dernier siècle. *Erostrate* sa dernière œuvre, publiée en 1839, donne la mesure de son ambition plutôt que la mesure de son talent ; non pas qu'il ne se trouve dans ce poëme mûrement conçu et largement développé (il a plus de trois cents pages) de grandes beautés poétiques. Il y règne un sérieux, une solennité de tragédie ou d'épopée. La fable est profondément méditée et conduite avec l'art des grands poëtes. Dans Erostrate, le poëte a personnifié tous les désespoirs, tous les désenchantements, cette lutte de l'ambition et du dégoût qu'on a longtemps appelée, vers 1820, *le mal du siècle*. Aussi, le peu de succès que ce poëme a obtenu lors de son apparition doit-il s'expliquer surtout, suivant moi, par un anachronisme. Venu dix ans plus tôt, il eût trouvé à qui parler ; il eût été à l'unisson des âmes et des esprits. M. Sainte-Beuve, qui a connu personnellement l'auteur de l'*Erostrate,* nous apprend qu'il travailla pendant de longues années à ce poëme, interrompu dans son travail par mille affaires distantes de la poésie. Cette lenteur, ces interruptions qui ont nui au succès de l'œuvre, ont aussi nui à l'œuvre elle-même. La pensée blasée et distraite se traîne dans un style lâche et languissant, où rien ne relève la monotonie des rimes accouplées. L'*Erostrate*, en un mot, a été écrit de mémoire, et non d'inspiration. L'auteur avait été plus heureux dans *Empédocle*, poëme du même genre où se trouvait en germe la pensée développée plus tard dans Erostrate, mais exprimée dans une forme plus serrée et en même temps plus variée. Aussi l'éminent critique que j'ai déjà cité a-t-il eu toute raison de dire que malgré les efforts sérieux et sincères, malgré le talent dépensé dans son dernier ouvrage, Labenski doit rester surtout l'homme de ses premières œuvres, l'auteur d'*Empédocle* et des pièces qui lui firent cortège de 1827 à 1829. C'est bien là sa date en effet; et à considérer l'espèce de défaillance que j'ai signalée dans son dernier poëme, il est douteux qu'il pût aller bien loin en avant, ni se mettre au pas d'une nouvelle évolution de la poésie. Peut-être serait-il plus facile, comme sentiment et surtout comme manière, de le faire reculer en deçà ; témoin la pièce suivante, que je ne transcrirais pas dans un *excerpta* parmi les meilleures du poëte, mais que je dois citer ici comme marquant le point de départ, et comme expliquant son éducation :

A***

Ma voix trop grave à présent vous ennuie ;
Vous demandez des chants moins sérieux,
Tels que naguère, au matin de ma vie,
En modula mon caprice amoureux.

Que voulez-vous ? les chants qu'Amour inspire
Sont dédaignés de ce siècle inconstant.
La France est grave, à ce qu'elle prétend :
Sur un ton grave il faut monter la lyre.
Moi-même, hélas ! oublié des amours,
Je deviens sombre, et les soins de l'étude,
Loin d'enchaîner ma triste solitude,
Ont trop souvent rembruni mes beaux jours.
De mon Avril, idole passagère,
J'ai vu l'amour au bout de l'horizon
S'enfuir pareil à la brume légère
Qu'au fond des cieux disperse l'aquilon.
De ses transports la mémoire affaiblie
Déjà s'efface, et bientôt va mourir.
Irai-je encore, au gré de votre envie,
Interroger leur cendre refroidie,
Ne chantant plus l'amour qu'en souvenir ?
Ah ! pour le peindre, il le faudrait sentir !
Daignez m'aimer... Vous serez obéie !

Nous ne sommes pas loin de l'*Almanach des Muses*
et des stances à la marquise Duchâtelet. Comparés à ce
badinage, à ce petit esprit de charade et de salon,
l'*Exil d'Apollon* et le monologue d'*Empédocle* marquent un progrès considérable. Néanmoins ce paren-
tage avec le dix-huitième siècle n'était point in-
différent à noter chez un poëte philosophe. Les
élégies, celles du premier recueil au moins, sont
trop souvent de ce ton : sans doute il faut faire sur ce
point la part de l'origine étrangère de l'auteur, qui na-

turellement, pour quelque temps du moins, à dû laisser son éducation littéraire un peu en retard du mouvement français. Labenski se relève dans les stances, dans les petits poëmes composés: *la Folle, les Cygnes, Stances à un ami, la Jeune Veuve*, où se trouve ce vers charmant, de ceux qu'on n'oublie pas :

Elle sourit pourtant du fond de sa tristesse....

Ne devine-t-on pas une âme vivement impressible et plus attentive qu'on ne l'était généralement alors aux charmes de la nature dans ce début de la pièce intitulée *Au Bord de l'eau?*

Le soleil meurt ; ses doux rayons
Teignent de rose l'eau tranquille.
Le daim s'endort sur les gazons,
Le cygne rentre dans son île.
Vers les rivages où l'osier
Sur l'onde étend sa tête avide,
Lassé du jour, le batelier
Va ramenant sa barque vide.

Entendez-vous ces bruits lointains ?
Les faneurs quittent la campagne, etc.

Le poëte s'est peint, il a peint son âme vaillante à la poursuite de l'Idéal dans ces derniers vers de l'hymne *A la Perfection* :

Hélas ! je t'invoquai dès ma première enfance ;
Tu brillais devant moi dans un lointain obscur,
Comme un de ces grands monts dont la cime s'élance
Sur un vague horizon de vapeur et d'azur.

Le voyageur les voit quand il dissipe l'ombre ;
Il les voit quand la nuit recommence son cours ;
Il s'en croit toujours près, mais des ravins sans nombre
L'éloignent de ce but qui recule toujours.

Au pied de la montagne il parviendra peut-être ;
Mais qui toucha jamais son sommet éternel ?
Nul pied ne l'a foulé, nul oiseau *n'y pénètre*,
Rien ! — que les vents de l'air et les rayons du ciel

Ainsi, tu m'apparais, incertaine, inconnue,
Beauté que je cherchai dès l'aube de mes jours.
L'aube a fui, — de midi l'heure est presque venue,
Et sans t'atteindre, hélas ! je te cherche toujours !

Je ne t'atteindrai pas, montagne inaccessible !
Mais ton pic rayonnant, de loin toujours visible,
Sert de but à ma course et de phare à mes pas.
Je ne t'atteindrai pas ; — mais ta clarté chérie
Aura du moins doré l'horizon de ma vie,
Et détourné mes yeux des fanges d'ici bas.

Je trouve enfin dans les dernières strophes d'une pièce
sans titre cette belle image où l'on peut louer encore,
outre la grâce et la fraîcheur d'expression, l'art de donner
pour langage à la passion l'impression des beautés na-
turelles :

Le fond du lac n'est pas toujours limpide :
Qu'un voyageur, qu'un téméraire enfant
Jette une pierre en son cristal humide,
Un noir limon s'en élève à l'instant.

Mais, par degrés plus tranquille et plus claire,
On voit bientôt la vague s'aplanir,
Et tout brillant de sa splendeur première,
L'azur du ciel revient s'y réfléchir.

, Souvent ainsi le tourbillon du monde,
De mes pensers troublant la douce paix,
Vient y mêler comme une fange immonde,
Qui dans mon sein voile un moment tes traits.
Mais lorsque a fui la foule murmurante,
Lorsque le calme en mes sens est rentré,
Le voile tombe, et ta forme charmante
Se peint encor sur mon cœur épuré !

C'en est assez sans doute sur un poëte que ses efforts, malgré un talent sincère, n'ont pu porter au premier rang, mais qui n'en mérite pas moins d'être compté parmi les initiateurs et les premiers pionniers de la poésie moderne. Dans *Empédocle* et dans les pièces que j'ai citées, Labenski a conquis une place, et la doit garder entre Auguste Barbier, dont il fut un jour l'émule, — Barbier plus passionné et plus véhément sans doute, mais auprès de qui il se soutient fermement dans sa gravité philosophique, — et Lamartine, dont il fut mieux que l'élève.

Erostrate est le premier et le seul ouvrage que M. X. Labenski ait publié sous son nom. Les deux précédents volumes avaient été signés du pseudonyme *Jean Polonius*. En ce temps de respect pour l'art, le public n'exigeait pas du poëte qu'il lui livrât sa personne et sa vie : la curiosité ne débordait pas sur l'admiration. Le poëte, plus

encore que l'homme, gagnait à cette éloignement. Il
était encore en ce temps-là l'être mystérieux et symbolique chanté dans les *Méditations:*

Nonchalamment bercés sur le courant de l'onde,
Ils passent en chantant loin des bords ; et le monde
Ne connaît rien d'eux que leur voix !

Lorsque *Érostrate* parut, le masque tomba. L'on ap-
prit que *Polonius* « n'était autre que M. X. Labenski,
longtemps attaché à la légation russe à Londres, et plus
tard à la chancellerie de Pétersbourg. »

On connaît de M. THÉODORE CARLIER un volume, Ψυχη,
publié en 1838, (1) et qui, ce n'est pas à la honte du
poëte que je le dis, s'est beaucoup vu sur les quais, où
les majusculés grecques de son titre attiraient l'œil des
collégiens. C'est un beau volume in-octavo de quatre
cents pages, superbement imprimé sur papier fort par
Éverat, avec de belles marges et des blancs splendides ;
un volume en tout conforme aux prescriptions des anciens priviléges royaux, du temps où les rois aimaient
assez la beauté dans les choses pour n'accorder de pa-
tente qu'aux livres « imprimez sur bon papier et en
beaux caractères. » J'ignore l'âge qu'avait M. Théodore
Carlier lorsqu'il publia ce volume, mais j'aimerais à le

Il existe un précédent recueil de Th. Carlier, *Voyages poétiques,*
suivis d'une traduction envers du *Giaour,* 183o Le Vavasseur éditeur, in-18.

supposer jeune, pour m'expliquer la faiblesse des premières pièces comparativement aux dernières. Le style
des premières pièces est inégal, confus et vague; le lieu
commun y abonde; le mot prosaïque (*position*, *caractère* dans le sens d'humeur, etc.), les termes arbitraires
de la conversation y détonnent, les images n'y sont pas
suivies ni correctes. Ainsi, dans un sonnet que j'avais
voulu citer d'après les *Annales romantiques* de 1831 et
qui commence par un très-beau vers et se soutient très-
heureusement jusqu'au douzième:

> *Désert pour qui le ciel n'a pas d'eau fécondante,*
> Le Sahara sans borne, océan sablonneux,
> Déroule ses flots d'or comme un serpent ses nœuds,
> Quand le simoun le fouette avec son aile ardente.
>
> Là, se traîne la soif à la langue pendante;
> Là, le pied brûle au sol; là, nul trou caverneux
> N'offre d'ombre. Et l'hyène au regard soupçonneux
> Y fait rugir l'écho de sa voix discordante.
>
> Là, baigné de sueur, on s'égare souvent
> A chercher le palmier qui rafraîchit le vent,
> Et, près de l'oasis, le ruisseau qui tournoie
>
> Point vague, imperceptible, à l'horizon lointain...

le sens est tout à coup faussé dans le dernier tercet par
cette conclusion inattendue et inapplicable:

> Ainsi le cœur, meurtri par les coups du destin,
> Renferme tant de maux que le bonheur s'y noie!

L'auteur a comparé le cœur desséché par le malheur

a un désert sans eau, et il tire de cette comparaison une
belle image : mais où donc le bonheur trouvera-t-il à se
noyer dans cette plaine aride *sans oasis* et *sans ruis-
seau* ? Et comment le cœur, désert aride pendant douze
vers, redevient-il au treizième un simple cœur meur-
tri et comblé de maux ? Et comment le bonheur s'y
prendra-t-il pour se noyer dans un tas de maux ren-
fermés dans un cœur ? Et combien faut-il de maux en-
entassés pour noyer un bonheur ? Et... ? Et... ? Et... ?
Et... ?

Vers la seconde moitié du volume (je compte par dates
et non par pages), ces incorrections disparaissent et l'on
peut juger plus sûrement du talent de M. Théodore
Carlier. M. Carlier n'était, ou n'est point un poëte lyrique : sa poésie n'a pas le mouvement de l'ode ; hors
du sonnet, rhythme éminemment philosophique par sa
concision et dont les périodes rappellent les formules sé-
vères du syllogisme, il s'inquiète peu des coupes et des
combinaisons rhythmiques. Sa forme est celle du discours alexandrin ; et dans ses heures de fantaisie il ne
va pas plus loin que la stance simple et régulière. C'est
un poëte philosophe, méditatif et sympathique. L'âme
humaine, ses attitudes et ses *comportements*, l'âme
humaine, dont il a pris le nom divinisé pour titre de
son livre, en est en effet l'unique matière. Les pièces les
plus développées du recueil sont des études de phéno-
mènes psychologiques et moraux auxquelles on pourrait
donner pour titre, comme aux chapitres de Montaigne,
des formules démonstratives, par exemple : *Qu'il ne faut*

pas regarder de trop près aux amitiés humaines. (De-senchantement, p. 33.) — Que les maux imaginaires s'évanouissent devant un malheur réel. (Une goute d'eau et la mer, p. 42.) — Qu'un amour bas flétrit la vie. (Imprévoyance.) — Que les blessures reçues dans l'enfance influent parfois sur la conduite et sur le ca-ractère moral de l'homme. (Comparaison, p. 62.) — Que les idées qu'on a sur la mort changent avec l'âge. (Bizarrerie.) — Que l'honneur, la poésie et l'amour sont préférables à la richesse, à la gloire et au plaisir. (Préférences.) — Qu'il est plus aisé de tirer profit de la mauvaise fortune que de faire bon usage de la prospérité. (Écueil, p. 103.) — Que les souvenirs d'en-fance aident à supporter les maux de la vie. (P. 113.) — Qu'il faut quelquefois aimer la main qui nous blesse. (Inexpérience, p. 293.) — Que souvent le bonheur n'est compris qu'après qu'il est passé. (Aveuglement.) — Que le lendemain d'un adieu est plus pénible que l'a-dieu même.. (Départ, p. 399.) etc., etc. Dans ces piè-ces et dans toutes celles du même genre, l'auteur, com-mandé par son sujet, ne s'écarte guère du ton calme et froid d'un raisonnement philosophique. Dans certaines autres, d'un intérêt moins général et plus personnel, il arrive à l'éloquence, à la chaleur, à d'heureuses finesses de pensée, au *bien trouvé*, plus encore dans la concep-tion que dans l'expression. Par malheur, le mouvement du style est rarement soutenu jusqu'au bout; et l'on au-rait peine à trouver une période pleine et entière sans accroc ni défaillance. Autrement, l'on aimerait à citer, par exemple dans la pièce intitulée *Prédilection*,. la tendre et véhémente apostrophe d'une mère à l'enfant mal venu et disgracié qu'elle préfère à ses frères plus beaux et plus aimables.

..... Frêle, chétif, fleur pâle, fruit taché,
Triste, et parfois despote avec ceux de son âge,
Il n'était accueilli de nul du voisinage ;
Voilà pourquoi sa mère, aux regards l'enlevant,
Contre son sein ému le serrait si souvent,
En lui disant : « Viens, viens, que sur moi je te presse ?
Qui te caressera si je ne te caresse ?
... Oh ! quand tu seras seul, pour consolation,
Rappelle-toi du moins ma vieille affection.
Si le monde, plus tard, te fait des meurtrissures,
Mon image mettra du baume à tes blessures...
Et tu t'efforceras, plus confiant en toi,
De devenir encor cher à d'autres que moi ?
Non, tu n'est pas méchant !..... »

Malheureusement, ces vers, que nous cueillons pour ainsi dire, pour les rapprocher et les grouper, sont intercalés dans le texte de pensées communes et de vues faibles qui ralentissent et tuent ce mouvement, qui pourrait être fort beau.

La pièce intitulée *Châtiment* est le développement d'une de ces fortes pensées qui me séduisent chez Théodore Carlier, malgré ses imperfections de forme et ses trop fréquentes incorrections. Un homme a offensé son ami, et l'ami est mort. « N'est-ce pas, dit le poëte, le com-

ble de la misère humaine que ce tort dont la réparation
est impossible ? »

      Un naufrage de biens se répare...
. . . .

La perte d'un enfant avec le temps s'oublie
      Quand naît un enfant.

Oui, sans doute, oui, souvent le calme suit l'orage,
La vague aux lois de Dieu, quelle que soit sa rage,
      A la fin s'asservit ;
Un chagrin quelquefois cède au cri de l'enfance ;
On se prête une excuse à côté de l'offense...
      — Lorsque l'offensé vit !

Mais l'être intime et cher qui de lui l'a reçue
S'est, des maux d'ici bas cherchant l'unique issue,
      Endormi dans la mort !
Et lui, que le ciel force à rester sur la terre,
Payant de son repos son crime involontaire,
      Il porte un lourd remords.

Il marche, il marche donc, troublé, sombre, en silence,
Sans voir le fruit qui brille et que le vent balance
      Aux arbres du chemin ;
Sans voir si quelque ami, le regard triste et tendre,
En passant près de lui s'arrête pour lui tendre,
      D'un air ému, la main.

N'essayez pas, cherchant des paroles sensées,
De détourner le cour de ses noires pensées ;
      Ce serait vainement.

Il n'entendrait soigneux d'éviter votre approche,
Rien que sa conscience où le bruit du reproche.
Gronde éternellement.

. . . .

Vos discours fussent-ils doux comme une harmonie
Comme un concert d'Élus,
N'égaleront jamais la douceur indicible
De ce mot qu'il demande à la tombe ineflexible
« Je ne me souviens plus ! »

Assurément il y avait là l'écho d'une pensée grave et
d'une conscience sévère ; mais malgré les entailles et
les amputations pratiquées dans les passages que
nous venons de citer, combien encore le penseur
est-il trahi par le poëte ! Il n'est que trop vrai
que très-souvent les poësies de M. Théodore Carlier
gagneraient à être racontées ou traduites.

Dans *Autrefois* l'auteur exprime avec une candeur
très-louable, à mon avis, le plaisir indirect et impersonnel que cause la rencontre d'un contemporain qu'on
n'aime point, — *Camarade, dit-il, et non point ami,* —
mais dont la présence rappelle les années heureuses et
les souvenirs chers:

Une suave époque en toi m'est ramenée.....

. . . .

Peins-moi mon plus jeune âge et mon adolescence ;
Peins-moi les traits de ceux dont l'éternelle absence
Fait saigner mon sein douloureux ;

Monument resté seul debout dans mes décombres,
Oh ! je te chérirai, toi, l'ombre de leurs ombres,
    Sinon pour toi, du moins pour eux.

Oh ! je te chérirai — comme un anneau, doux gage :
Comme un chiffre, un billet dont le muet langage
    Répond à de tendres aveux ;
Comme un portrait reçu d'une femme adorée ;
Comme le médaillon dont la boîte dorée
    Serre une boucle de cheveux.

Que des plaisirs goûtés et des peines souffertes
Les images souvent par toi me soient offertes ;
    Garde-toi de me rien céler :
Dis-moi mes biens, mes maux, mes épines, mes roses ;
De ce temps qui n'est plus raconte-moi les choses,
    En te montrant, — sans me parler !

« Et, pour prix de ces visions évoquées par ta présence, je te regarderai tant, ajoute-t-il, que tu t'en croiras aimé ! »

On pourra trouver quelque férocité dans ce mépris si brutalement confessé d'un être qui se croit aimé et qui n'est qu'utile. Il n'est pas mauvais, cependant, ni injuste, de proclamer que les affections sont affaire de discernement, et que les imbéciles n'ont pas le droit d'exiger qu'on les aime pour eux-mêmes. L'ironie persistante sous la gravité, cette ardeur à *enguirlander* un sot pour obtenir de lui ce qu'on désire, et rien que ce que l'on désire, c'est-à-dire sa présence et son silence, auraient pu faire de cette pièce de Théodore Carlier un chef-d'œuvre, si là encore il avait su se garder du lieu commun et de la mollesse.

Calice, c'est la comparaison, détail pour détail, de la mort calme et de la mort désespérée.

Ici le vers éloquent et soutenu est moins rare que dans les pièces précédentes ; nous trouverons même plus d'une strophe à citer sans repentirs :

Mourir, lorsqu'on ne va qu'en des routes choisies !
Lorsqu'il n'est pas de vœu qu'on ne puisse accomplir !
. . . .

Mourir, lorsqu'on est belle et que l'on est aimée !
. . . .

Mourir, lorsqu'on est mère, et que, débile et frêle,
Un tout petit enfant vous rit de son berceau,
Auprès d'un frère aîné qui grandit sous votre aile,
Comme, à l'abri du vent, sous l'arbre un arbrisseau !

Mourir, lorsque le sort, dont la main complaisante
D'éblouissants reflets dore votre horizon,
Vous caressant toujours, jamais ne vous présente
Que le bonheur pour lot, que l'été pour saison.

Mourir, lorsqu'en partant, après soi l'on est sûre
De laisser un chagrin sans pouvoir le guérir ;
Sans pouvoir la fermer, de faire une blessure ! —
Alors, il est alors bien cruel de mourir !...

. . . .

Mais, quand au désespoir l'existence est livrée,

. . . .

Quand vous ne prévoyez pour le jour qui doit suivre
Que des chagrins plus grands que ceux du jour passé

Quand vos fils sourds, hélas ! aux conseils qu'ils enten-
Masquent des sentiments que vous avez trop lus ; [dent,
Quand, jaloux l'un de l'autre, en secret ils n'attendent
Pour se haïr, que l'heure où vous ne serez plus ;

Quand on sent, — pour-avoir déjà pu reconnaître
Un suc plein d'amertume aux fruits de ses rameaux, —
Qu'en expirant, demain l'on changera, peut-être,
En théâtre de crime un théâtre de maux ;

Quand un noir ouragan bat votre onde avec rage ;
Quand partout votre ciel d'éclairs est sillonné ;
Quand l'avenir s'annonce encor plus gros d'orage ;—
Alors, mourir alors, c'est mourir en damné !

Pauvres âmes ! là-haut allez, allez plus calmes !
Reprenez confiance en remontant aux cieux :
A quiconque souffrit Dieu réserve des palmes ;
Dieu ne ferme jamais ni ses bras ni ses yeux.

De ceux que vous aimiez il lavera les fautes.
Il sait leurs deuils, vos pleurs, et comment les finir.
Dans son sein réunis, un jour, célestes hôtes,
D'extases inondés, vous n'aurez qu'à bénir !

Remariée! est une des conceptions les plus originales
du livre : c'est l'adultère des secondes noces démontré
par des arguments poétiques.

La jeune veuve est restée quatre ans fidèle à son premier serment :

Lasse à la fin d'errer tristement solitaire
Dans sa route encor longue à parcourir sur terre,
Un jour qu'en pleurs brûlants son chagrin débordait,
Elle accepta la main qu'un ami lui tendait,
Et se remaria.

           Dans l'église prochaine,
Lorsqu'elle fit bénir cette seconde chaîne,
A travers ses grands cils, réseaux d'aspect soyeux,
On vit en ses regards luire un rayon joyeux.
C'est que ses noirs ennuis, ses angoisses sans trêve,
Lui parurent alors n'avoir été qu'un rêve.
Il lui vint à l'esprit que jusques à présent
Elle avait eu sur l'âme un cauchemar pesant,
Qui lui parlait de fièvre, et d'être cher qui souffre,
D'adieux, d'abîme ouvert, d'époux qui tombe au gouffre
Et que, sur ce théâtre où le sort la jouait,
Heureusement son drame enfin se dénouait.
Elle crut un instant, de bonheur éperdue,
Être la jeune fille, à son passé rendue,
Qui, jadis cachant mal tout son ravissement,
Devant le même autel fit le même serment.
Mais ce songe éveillé ne fut à sa nuit sombre
Qu'un éclair fugitif qui brille et meurt dans l'ombre ;
Car elle tressaillit, et son corps devint froid,
En voyant qu'elle avait deux anneaux à son doigt.
Le soir, quand, de retour, le cœur gros d'amertume,
Elle s'agenouilla, comme elle avait coutume,
Elle n'osa prier.....

Elle crut en son trouble entendre au fond de l'âme
Une secrète voix qui lui jetait un blâme ;
Car elle sentait bien qu'elle avait mérité
Qu'on ne l'attendît plus pour une éternité.

Et lorsque à ses côtés l'époux nouveau prend place,
A ses baisers de flamme elle paraît de glace ;
Elle s'observe, osant répondre à peine : oui, non ;
Car, hélas ! elle a peur de se tromper de nom.
Et lorsqu'elle s'éveille, au jour qui vient de naître,
Elle est pleine d'effroi de ne pas reconnaître
Dans les traits de cet homme, auprès d'elle endormi,
Les traits qu'à son sommeil offrait un rêve ami.

. . . .

. . . .

Aussi la voyant grave et si préoccupée,
Ne dites pas : Quel coup l'a donc encor frappée ?
Non, mais dites plutôt : C'est qu'elle est obsédée,
Et sans cesse et partout, de cette unique idée :
« Pour marcher avec moi dans le même chemin,
Deux hommes ici-bas ont recherché ma main ;
Là-haut, après des jours que la tristesse abrége,
Lequel doit m'accueillir ? auquel appartiendrai-je ! »

Je ne sais si par ces citations, par les dernières, du moins, j'aurai donné l'idée du genre de mérite que je trouve aux poésies de Théodore Carlier. Les défauts, je les ai marqués; ils sont ceux du temps, ou, pour mieux dire, du moment. Par la date de son recueil, en effet, l'auteur de Ψυχη se rattache à la réaction de 1840, alors qu'on combattait pour la Philosophie contre l'Art dans

les travaux de l'esprit; et par là il s'apparente avec le
poëte qui va venir après lui. Théodore Carlier était un
esprit subtil, réfléchi, ingénieux; il a des déductions
inattendues, des finesses d'analyse qui surprennent et
qui plaisent. Les épigraphes de ses poésies témoignent
de bonnes lectures. Il est un exemple de ce que le talent
peut perdre à négliger l'art.

Je n'ai jamais été bien attiré par les romans de Gus-
tave Drouineau, esprit systématique, pédant et troublé
par les visions humanitaires. Ni le talent, ni l'invention n'ont manqué à Drouineau; mais nul n'a été atteint
plus que lui par la grande maladie de l'époque : la manie de sauver le monde. Il a même été quelque temps
considéré comme le fondateur d'une religion, le *Néo-
christianisme* : ceci est grave. Le *Manuscrit vert* et
Résignée se liraient avec intérêt et avec plaisir, si l'auteur n'avertissait à chaque page et dans ses préfaces
qu'il n'emploie la forme romanesque qu'à son corps
défendant, et seulement pour s'accommoder à la frivolité
du siècle. Il proteste qu'il n'a d'autre but que de mettre
la société en face d'elle-même, et de faire pénétrer dans
le public, emmiellées de poésie et de littérature, des
idées régénératrices qu'il se propose de condenser plus
tard dans un livre plus grave, qui n'a jamais paru. Le châtiment ne s'est pas fait attendre : à mesure que le philosophe et l'apôtre se perfectionnaient en Drouineau, l'é-
crivain, l'artiste périclitait. Après avoir dit dans une
de ses préfaces « qu'il n'avait pas le temps de bien écrire

parce qu'il pensait trop, » il a fini par déclarer que les langues n'avaient pas de mots pour rendre ses pensées ni ses rêves, et qu'il serait plus convenable au poëte de s'exprimer par des cris, comme les animaux, que par des paroles. Il est actuellement dans une maison d'aliénés à la Rochelle.

On devine ce qu'un pareil système pouvait produire en poésie. Son unique recueil de vers, *les Confessions*, — in-8, 1834, Ch. Gosselin, — est attaqué de la même maladie que ses romans : la morgue, le ton pédantesque et prêcheur; et, comme le temps, qui lui manquait pour soigner sa prose, lui manquait encore plus pour soigner ses vers, le style est presque uniformément lâché, confus, défectueux de coupe et de rimes, et bourré de ces généralités vagues qui sont les chevilles de la pensée. A peine trouve-t-on par hasard une idée qui sente le poëte, ou un mouvement qui révèle un artiste. La mémoire retient, par exemple, une petite pièce en stances de six vers (1), dont chacune ramène ce refrain mélancolique :

Pourquoi suis-je prêt à pleurer ?

— La campagne est verte ; le printemps rit dans le ciel et dans les cœurs, et fait éclater la verdure des bourgeons; et toujours la larme revient à l'œil et le soupir aux lèvres. Une jeune fille passe, jolie, gaie, alerte, s'amusant du vent et des fleurs. Qui est-elle? Où va-t-elle ? Que fait-

(1) *La Jeune Fille dans les prés.*

elle seule et sans sa mère? — « Hélas ! tu seras trompée peut-être un jour, et tu souffriras!

— Pourquoi suis-je prêt à pleurer ? »

On trouve dans la pièce intitulée : *les Tapisseries,* la vie, ou plutôt la légende de Napoléon résumée avec une vigueur et un élan qui rappellent, — mais de loin, — les ballades guerrières de Koerner. Dans une autre pièce encore, *les Toits,* Drouineau a voulu peindre la rêverie délicieuse d'un écolier réfugié sur le toit d'une maison et jouissant dans l'ivresse de la liberté du panorama de la ville, avec la mer à l'horizon, et près de lui, à une fenêtre, une jeune fille belle et charmante qu'il admire et qu'il aimera l'année qui vient. Louis Bertrand le visionnaire, l'auteur de *Ma Chaumière* et du *Maçon,* eût fait un chef-d'œuvre avec cette donnée que Drouineau a gâtée avec ses incertitudes de forme et sa fluence.

De tout le volume, je ne vois rien à citer que seize vers où le poëte a su garder, sans faillir et sans s'embrouiller, le ton de la méditation ardente ou de l'oraison jaculatoire :

RÊVERIE.

Encor si l'on savait le secret de la tombe :
Si l'âme s'élevait ainsi qu'une colombe
A travers le ciel bleu, vers cette immensité
Où Dieu jouit de tout et de l'éternité !
Si l'âme, se trouvant sous la forme d'un ange,
S'énivrait à jamais de bonheur sans mélange ;

Si, rejetant la coupe où l'on boit tant de fiel,
Les âmes qui s'aimaient se revoyaient au ciel !
Si des mondes roulants l'ineffable harmonie,
La majesté de Dieu, sa puissance infinie,
L'orgueil d'être immortel, de voir créer sans fin,
D'unir son chant d'amour au chant séraphin ;
Si les plaisirs sacrés du céleste domaine,
Qui n'auraient point de mot dans toute langue humaine,
· Dont notre esprit a soif et qu'il ne conçoit pas,
Se montraient devant nous au delà du trépas !

Dans cet article commémoratif, j'ai dû naturelle-ment ne m'attacher qu'aux oubliés et aux contestés. Je n'ai donc point à réclamer pour MM. Emile et An-toni Deschamps ; quoique, pour tout dire, la réputation d'Antoni ne me paraisse point à la hauteur de son mérite. Sa fermeté, sa tenue, son instinct du grand et du sévère, le sentiment du relief et de la couleur, lui donnent place parmi les plus excellents poëtes de ce temps-ci ; l'a-venir le fera *classique*. J'ai souvent entendu parler de l'impression causée dans le monde artiste par la publi-cation de ses vives et fermes peintures de la vie italienne : *le Jour des Moccoli, l'Enterrement de la jeune Romaine, le Jeune Homme assassiné*, etc., etc. Lui seul a eu dans notre siècle le sens et l'accent sincère de la satire indi-gnée, froide et superbe. Il a gardé de l'époque de ses débuts, époque sérieuse pour l'art, la gravité du poëte qui travaille sous l'œil de la postérité. Enfin n'oublions pas qu'il est le seul poëte français qui ait jouté heu-reusement avec le Dante, en s'attachant moins à la lettre qu'au mouvement, et plus au ton qu'à la phrase. Cette traduction fragmentaire est la meilleure étude que nous ayons d'après la Divine comédie, celle qui fait le mieux comprendre le génie de son auteur.

Cette vindication, ou plutôt cette consécration d'une noble et mâle figure poétique, tentera quelque jour, je l'espère, un critique enthousiaste et dévoué aux lettres (1).

J'ajouterai, comme dernier regret à exprimer, que quelques poëtes de ce temps-là, dont j'aurais aimé à parler ici, n'ont jamais réuni leurs œuvres en vers, et que les échantillons que j'ai rencontrés çà et là ne suffisaient point pour établir un jugement. Comment, par exemple, n'avons-nous pas un recueil des poésies d'Alexandre Dumas, qu'il serait intéressant ou tout au moins curieux de retrouver? (Voir dans les *Annales romantiques*, d'après les indications données dans le paragraphe précédent, *le Sylphe, les Ames, Maẓraël, la Grande Chatreuse*). M. A. Dumas a écrit sur les marges de l'exem-

(1) Ouvrages d'Antoni Deschamps : — *La Divine comédie de Dante Alighieri* (vingt chants) ornée d'une lithographie représentant l'Enfer, le Purgatoire et le Paradis, in-8, Ch. Gosselin, Canel et Levavasseur 1829. (dem. m. vert., tr. dorée, *Lortic*. Hommage autographe de l'auteur à *Eugène Delacroix*). *Trois satires politiques précédées d'un prologue*, 1831, broch. de trente-cinq pages (*Aux hommes du passé*, prologue ; I*e L'amour d'aujourd'hui*, I*e Les flatteurs de la populace*, III*e Les Hommes politiques*). Ces rois satires se retrouvent dans le recueil suivant, mais modifiées. *Dernières paroles*, poesies (sans nom d'auteur) in-8, 1835, *envoi d'auteur*. — *Résignation*, in-8, 1839.

plaire des poësies de Ronsard donné par Sainte-Beuve à Victor Hugo, et à l'occasion du même événement qui a inspiré le sonnet de Fontaney, une longue pièce en vers libres dont on retrouvera un fragment dans le numéro de la *Correspondance littéraire* auquel j'ai déjà renvoyé. Même excuse au sujet de Jules de Saint-Félix, un vrai, sincère et élégant poëte, qui laissera deux charmants livres: *les Nuits romaines,* collection de très-fines études sur la littérature latine, et une belle et large étude antique: *Cléopâtre.*

RÉGNIER-DESTOURBET.

1830. *Louisa, ou les Douleurs d'une fille de joie,* par l'abbé Tiberge. Paris, Delangle, 2 vol. in-18. Vignette de Tony-Johannot, gravée par Porret. — Demi maroquin rouge, veau doré (*Lortic*).

Une note écrite sur le feuillet de garde de mon exemplaire indique que l'auteur de *Louisa,* Hippolyte Regnier-Destourbet, était né à Langres, et qu'il mourut à Paris en 1832.

Le livre est dédié à Jules Janin, qui, dans un article du *Musée de la caricature en France* (1), a parlé ainsi de l'œuvre et de l'auteur :

« *Histoire des douleurs d'une fille de joie!* C'est le titre d'un charmant petit volume, d'un style vif et triste, dont l'auteur est mort *il n'y a pas six mois* d'une maladie de langueur. Ce jeune homme, si vite oublié, et qui était poëte dans le fond de l'âme, s'appelait Régnier-

(1) *Musée de la caricature,* par J. Janin, Philarète Chasles, Le Roux de Lincy, Ch. Nodier, etc., etc., 1834-38, 2 vol. in-4.

Destourbet. Après avoir occupé suffisamment la renommée pendant deux ans, Régnier-Destourbet s'est
éteint lentement, tout seul et rêvant encore un avenir
vers lequel il tendait vainement ses mains desséchées par
le mal. Qui songe à lui à présent, le pauvre jeune homme ? Qui se rappelle ses folles bouffées de joie et ses longs
accès de tristesse, et ses heures d'enthousiasme religieux
et de dévotion catholique, apostolique et romaine ?
Hélas ! personne ne pense à lui, plus personne en ce
monde ! Et moi-même, qui fus son ami, moi à qui il a
dédié son premier roman, voilà qu'à présent je me prends
à penser au livre et à l'auteur, à la vue de trois gravures du siècle passé !... (1) Regardez les trois planches,
ce sont trois drames complets qui se tiennent par je ne
sais quel lien de malheur et de vice. C'est la fille publique, et encore la fille publique de la dernière classe, qui
est l'héroïne de ces trois romans dessinés et gravés avec
tant de soin, et qui bien certainement ont été accueillis
avec intérêt sous le roi Louis XV et sous son successeur ; oui, c'est la fille de joie elle-même, dans toute sa
faiblesse, dans toute sa misère, dans tout son abandon ;
cet être hideux qui vend l'amour tout fait au coin des
rues le soir ; en un mot, l'héroïne de mon pauvre et
malade et insoucieux ami Régnier-Destourbet, qui l'a
étudiée dans toutes ses misères et qui a raconté tous ses

(1) *Désespoir des vestales poursuivies dans le sanctuaire,* —
Les vestales tondues, — *Le départ des vestales,* publiés dans le
Musée de la caricature.

8.

malheurs. Comme il nous l'a montrée venant de Neuilly dans Paris, la grande ville, fraîche encore, innocente encore, déjà toute préparée au vice, mais encore peu façonnée par le vice, conservant encore sur sa peau blanche et veloutée ce léger duvet de la pêche, signe certain d'une honnête sinon d'une douce origine. Puis, peu à peu, le pauvre Régnier a suivi sa Louisa, son héroïne, de cloaque en cloaque, d'impuretés en impuretés, de misères en misères: il nous l'a montrée honnie, battue, pillée, emprisonnée, emmenée à l'hôpital, au coin des rues, puis enfin, enfin, se brisant la tête contre la borne qui lui servait de comptoir. Et c'est avec raison qu'il a intitulé cela: *Les Douleurs d'une fille de joie !* Et quels horribles détails il a trouvés ! Était-ce une réhabilitation ? Était-ce une satire ? Était-ce de la pitié pour le vice, ou bien était-ce de la colère contre le vice ? Nul ne saurait le dire après avoir lu le livre. Ce n'était ni de la pitié, ni de la colère: c'était de l'histoire, l'*Histoire des douleurs d'une fille de joie!* »

M. Janin est revenu à parler de M. Régnier-Destourbet et de son livre (*Histoire de la littérature dramatique*, t. Ier), à propos des drames Napoléoniens joués sur les différents théâtres de Paris dans les commencements du règne de Louis-Philippe. « Le *Napoléon* de l'Odéon, dit-il (celui d'Alexandre Dumas), avait été précédé de quelques jours par un autre *Napoléon*, en deux parties, joué par le vrai et légitime empereur de 1830 et années suivantes, Napoléon-Gobert; cette pièce était de M. Régnier-Destourbet; elle fut jouée pendant toute une année en présence d'une foule qui s'enivrait de la gloire et des larmes de son empereur. » Je citerai le passage jusqu'au bout, à cause de l'intérêt des détails biographiques, que ne détruisent pas quelques répétitions inévitables avec ce qui précède : « Ce nom nous rappelle un jeune homme qui n'était pas sans talent. *Il avait été magistrat*; il donna sa démission pour se livrer complétement à la vie et à l'exercice des lettres. Il vint du fond de sa province à Paris, apportant son tribut à la muse des petits livres, et, si je puis le dire ici, ce livre de Régnier-Destourbet, qui était dédié à l'auteur de *l'Ane mort et la Femme guillotinée*, était une copie de cet étrange livre, qui n'a guère porté que des fruits stériles. Le pauvre Régnier-Destourbet toucha donc à la coupe enivrante des rêveurs de profession ; mais il s'en dégoûta bien vite, et son roman publié, son drame épuisé, *il se retira*, pauvre âme inquiète et malaisée, *au séminaire de Saint-Sulpice*, dans ce monde à part que gouvernait le sévère et tendre abbé Émery, l'honneur des sulpiciens de ce siècle. Un jour de fête carillonnée, un jour de Pâques, à Saint-Sulpice, j'ai vu l'*abbé* Régnier-Destourbet qui servait d'acolyte au prêtre officiant, et si calme était son attitude, et si recueillie en Dieu son humble démarche, qu'il eût été impossible de reconnaître le brillant et éloquent semeur de paradoxes. Le pauvre homme espérait en vain que le joug de Saint-Sulpice lui serait doux et léger ; il jeta sa robe aux orties, il rentra dans le monde, qui déjà ne le connaissait plus. Il mourut tout de suite, et sans que l'on ait su comment il est mort. C'est pourtant lui qui, le premier en France, a remis en lumière l'empereur Napoléon ! » Que le roman de Régnier-Destourbet fût une copie du roman de Jules Janin, ou du moins que l'un eût inspiré l'autre, car raisonnablement le mot de copie est trop fort, c'était à ce qu'il paraît un bruit accrédité. Nous en avons un second témoin, c'est Théophile Gautier, dans une des pièces de son premier recueil de poésies intitulée: *Un vers de Worsdworth*. Régnier-Destourbet avait pris pour épigraphe du premier chapitre de *Louisa* ou les *Douleurs d'une fille de joie* ce vers du poëte anglais :

> *Spires whose silent finger points to heaven.*
> (Clochers dont le doigt silencieux montre le ciel.)

L'auteur d'*Albertus* reprit le vers et en fit le texte d'une pièce en stances, commençant ainsi :

> Je n'ai jamais rien lu de Wordsworth, le poëte,
> Dont parle lord Byron d'un ton si plein de fiel,
> Qu'un seul vers; le voici, car je l'ai dans la tête :
> — Clochers silencieux montrant du doigt le ciel.

> Il servait d'épigraphe, et c'était bien étrange ! —
> Au chapitre premier d'un roman, *Louisa*,
> *Les douleurs d'une fille*, œuvre toute de fange,
> Qu'un pseudonyme auteur dans l'*Ane mort* puisa.

La *fange* est pour la rime : le pauvre Régnier-Destourbet, qui se flattait d'être lu par les dames de charité et les sœurs de Saint-Vincent de Paul, eût sans doute trouvé le coup un peu rude.

Le sujet du roman est certainement scabreux ; mais l'auteur a si bien su se placer en dehors, il a jeté tant de fleurs virginales, tant de gazes nuptiales sur cette trame sinistre, il a été si savant dans l'opposition et dans le dérivatif, qu'il en a fait une histoire presque chaste ; et, soyez tranquilles, si l'histoire eût été vraie, il ne l'aurait pas si bien contée : informez-vous là-dessus, chez les réalistes d'aujourd'hui. Copie ou imitation, peu importe, la peinture est bonne : le ton en est léger, doux, clair, presque gai à force de modération. C'est un récit plein d'horreur, mais où l'horrible ne dépasse jamais les teintes argentines de la mélancolie de Sterne racontant la mort de cet âne, qui, lui aussi, a inspiré l'*Ane mort* preuve que les plus puissants originaux ont eu aussi leurs modèles. Régnier-Destourbet était une âme pure et calme ; il savait parler du même ton et sans rien forcer et de la fille des rues et des dames d'honneur. Somme toute, cette histoire de Louisa est un charmant roman, et qui mériterait d'être réimprimé (1).

De 1830 à 1832, Destourbet avait publié deux autres romans : *Un Bal chez Louis-Philippe* (par l'abbé Tiberge, auteur de *Louisa*), Paris, Dumont, 1831, 2 vol., roman anecdotique, où l'on peut étudier le républicain de la Restauration, sorte de prologue du Bousingot ; — et *Charles II, ou l'amant espagnol*, même éditeur, 1832 ; 4 vol., récit très-dramatique et très-attachant de l'histoire de cet infortunée Louise de France qui mourut

(1) Il vient de l'être et forme 1 vol. in-18. 3 fr. (*Note de l'éditeur*)·

de douleur et d'amour, les uns disent pour le Dauphin, les autres pour Louis XIV lui-même.

Avant de quitter cet écrivain aimable, gentil, fin, ingénieux et dont les mérites ont été trop vite outragés par un oublie injuste, je veux citer, pour l'intérêt des dates et des idées, quelques passages de la préface de son second roman, *le Bal sous Louis-Philippe*.

« Un livre et une romance s'achètent aujourd'hui, non pour le texte, mais pour les vignettes ; et M. Dumont qui ne veut pas me faire faire de vignettes ! Mon livre ne se vendra pas. Ah ! mon pauvre ami Delangle, où êtes-vous avec votre Tony Johannot qui dessinait si bien les folies du *Roi de Bohème* ! Mon cher Delangle, vous qui m'avez si bien imprimé ma *Louisa*, qui eûtes l'esprit d'y ajouter le dessin d'une jolie femme, grâces vous soient rendues, à vous et à Tony Johannot... » — « Vous avez pris la peine d'écrire une œuvre touchante et vraie, le public ne vous en tiendra nul compte ; il s'en moquera, ou, ce qui est pis encore, il n'y donnera aucune attention. Mais qu'un beau matin vous vous avisiez d'écrire : « Bonjour, monsieur ; comment vous portez-vous ? Avez-vous bien passé la nuit ? » Ah ! le beau roman, criera-t-on, que cela est touchant ! Jean-Jacques Rousseau et Châteaubriand n'ont rien de pareil. Et les femmes pleureront... — Moi qui ne mérite pas la justice de la postérité, et qui n'attends pas celle de mes contemporains, je n'écris que pour M. Dumont, l'honorable M. Dumont qui paye bien et comptant, qui change contre de l'or à l'effigie de la République, de l'empereur ou du Roi les

chiffons de papier que mon père jetait au feu quand j'é-
tais à Dijon, et dont aujourd'hui ma cuisinière ne voudrait pas pour envelopper le manche d'un gigot. Si M.
Dumont me dit que j'ai de l'esprit, que m'importe ce que
diront les gens auxquels je n'ai pas affaire? C'est lui qui
m'importe, et après lui mon caprice; c'est lui qui m'inspire, c'est à lui que je veux plaire! On m'accusera d'avoir
fait un livre avec les cinquante-six journaux de la capi-
tale? M. Dumont l'a permis; d'avoir pris l'impudence
pour franchise et gaieté? M. Dumont l'a permis; d'avoir
traité l'histoire par-dessous jambe? M. Dumont l'a permis! »

Régnier-Destourbet avait encore publié dans la *Revue
de Paris* (t. XXX, 1831) une nouvelle, *Sophie*, petite
anecdote vertueuse de huit pages, qui est comme une
contre-partie de *Manon Lescaut*; et dans la même année,
une histoire de la loterie en deux articles (t. XXX et
XXXI).

Son drame de *Charlotte Corday*, joué après la révolution de juillet au Théâtre-Français, obtint un succès
honorable. C'est l'événement vu par le côté domestique
et intime. Mais le ton en paraîtrait aujourd'hui un peu
pâle et, pour tout dire, quelque peu enfantin. Il y aurait
aussi plus d'un compte à demander à l'auteur pour les
libertés qu'il a prises avec l'histoire. Marat et son temps
son actuellement trop bien connus pour qu'on s'accom-
modât de ses amours avec une marquise. On trouve un
compte rendu de cette représentation dans la *Revue de
Paris*, 1831, t. XXVI, p. 72. — La pièce imprimée a

paru chez Dumont et Barba, in-8, de 86 pages, avec *une paire de ciseaux* en fleuron.

R. Destourbet a donnné au tome VI des *Cent et un* les *Demoiselles à marier,* — une boutade de célibataire endurci. M. Jules Janin a une fois encore manifesté son amitié pour lui, en lui consacrant quelques lignes dans la *Nécrologie des cent et un,* au tome XIVe de la collection.

EUSÈBE DE SALLES.

1832. — *Ali le Renard, ou la Conquête d'Alger,* roman historique, par Eusèbe de Salles, ancien élève à l'École royale des langues orientales, officier supérieur interprète au quartier général de l'armée d'Afrique, auteur du *Diorama de Londres*, traducteur de lord Byron, etc., etc. Paris, Charles Gosselin, éditeur, imprimerie de Crapelet, 2 volumes in-8. — Deux vignettes de Tony Johannot, gravées par Porret.

1833. *Sakontala à Paris*, roman de mœurs contemporaines, par Eusèbe de Salles, auteur d'*Ali le Renard*. Librairie de Ch. Gosselin, imp. de Lachevardière, 1 vol. in-8, vignette de Tellier, gravée par Brevière. — *Sakontala tombant évanouie au bal de l'Opéra.*

En relisant *Sakontala à Paris*, j'ai toujours été tenté de demander compte à l'esprit public, au temps, aux circonstances, de la fatalité qui régit les destinées des livres et de leurs auteurs. Un livre bien pensé et bien écrit, qui exprime une attitude, une physionomie, un *comportement* de la passion moderne; qui l'analyse et, après l'avoir analysé, le synthétise, le met en scène et en action dans le milieu le plus favorable à son développement extrême et logique; qui crée et groupe autour de lui les incidents, les caractères les plus propres à aider à ce développement; un tel livre sombre dans l'oubli et roule sous les flots ténébreux, au-dessus desquels vogue et se balance en pleine lumière la médiocrité frivole et agile. Peut-être faut-il demander la raison de cette fatalité au titre même de l'ouvrage, qui n'a pourtant qu'attrait pour tout esprit curieux et sagace: ce nom de *Sakontala* aura effrayé la masse liseuse comme une menace d'exotisme et d'érudition, les deux choses dont les lecteurs de romans se détournent le plus volontiers. Le titre, indépendamment des raisons données par l'auteur, qui excipe de sa qualité d'orientaliste pour vouloir un personnage oriental dans toutes ses fictions, n'a cependant d'autre danger que d'indiquer clairement tout un côté du problème posé dans le livre : — quelles souffrances et quelles joies particulières un Parisien pourra-t-il trouver dans l'amour d'une Indienne ?

Sakontala serait Anglaise, ou Française même, que la position des deux amants n'en serait point changée; mais d'abord, comme le remarque l'auteur, une femme telle que Sakontala, malgré une éducation européenne, pouvait seule avoir gardé assez de naïveté et de « simplesse » pour sacrifier si facilement tout intérêt personnel et tout devoir à la passion ; et ensuite, la molesse orientale était peut-être nécessaire pour expliquer l'imprévoyance et le laisser-aller qui causent une partie des douleurs de Calixte.

Sakontala à Paris est un roman de l'école philosophique, comme *Adolphe* et comme *Valérie*. Il est du
genre de ceux qu'on a appelés plus tard roman *sociaux*,
ou d'analyse sociale. Au fond, la donnée est la même
que dans le célèbre roman de Benjamin Constant : la
satiété dans l'amour. Mais l'œuvre est toute différente.
Ainsi que le remarque l'auteur dans sa préface, *Adolphe*
est moins un drame ou un récit qu'une méditation abstraite, et il regrette que l'illustre écrivain ait *dédaigné*
(ce sont ses termes) « de répandre, dans un genre réputé
frivole en son temps, tout le talent dont il a donné de si
belles preuves comme publiciste et comme tribun. »

En dramatisant son récit, en le traitant en détail, en
le personnalisant, M. Eusèbe de Salles avoue donc qu'il
a espéré faire mieux que Benjamin Constant ; et, malgré l'audace que suppose un tel aveu, j'avouerai moi-
même que je crois qu'il a réussi. Dans le roman de Benjamin Constant, Adolphe échappe par son âge à toute
responsabilité ; il n'a pour contre-poids à sa passion
que l'autorité d'un père, et l'on peut s'attendre à tout instant à voir la situation tranchée par un acte de cette autorité. Éléonore ne dépend aucunement de lui ; il ne
peut rien pour elle ; elle ne veut rien de lui que son
amour. Dans le roman de M. Eusèbe de Salles, Calixte
de Saint-Tropez, indépendant et militaire, éprouvé par
la guerre et par la persécution, est un homme. Lady
Jenny Sakontala Graham, en se donnant à lui, l'a cons-
titué son protecteur et son tuteur ; et l'abandon, *l'inno-*

cence du caractère indien ont rendu plus rigoureux encore les devoirs de cette tutelle. Calixte est un Adolphe viril, expérimenté, sans illusions, qui fait en pleine connaissance de cause le sacrifice de sa libertés et de ses ambitions. Les commencements de la liaison de Calixte et de Sakontala sont révélés sous forme d'introduction par une correspondance du jeune homme avec un de ses anciens compagnons d'armes, capitaine de hussards, vrai soudard, dont la crânerie soldatesque et la fatuité idiote font le plus absolu contraste avec la gravité sentimentale de son ami.

Calixte de Saint-Tropez, officier de l'armée impériale, s'est réfugié à Londres après 1815. C'est là que, pendant les loisirs inoccupés de la belle saison et dans le décor charmant des promenades qui environnent la ville, se forme, grandit, s'exalte la passion des deux amants. La passion de Calixte, d'abord tendre et languissante comme une convalescence, se fortifie bientôt de toute l'énergie de son caractère violent et de toute l'ardeur de la nature provençale. Ses révélations s'arrêtent toujours là où la confidence devient trop lourde pour l'oreille d'un lovelace de garnison. En 1817, Calixte a obtenu, par les démarches de quelques amis, la permission de rentrer en France; mais déjà il a pu, en jugeant sa maîtresse, envisager clairement l'avenir qui l'attend dans une union mal assortie. Calixte, homme à passions sérieuses et grave dans ses emportements, ne s'est point jeté étourdiment, comme Adolphe, et avec l'irréflexion de la jeunesse, dans une union illégitime. Aimé de Sakontala, il a voulu l'épouser pour rendre sa protection bien complète. A ses propositions de mariage, la veuve de lord Graham répond en lui faisant lire le testament par lequel son mari, l'un des chefs de l'administration anglaise dans les Indes, ne lui a laissé la disposition de son immense fortune qu'à la condition qu'elle resterait veuve.

Sakontala se remariant est immédiatement dépouillée par sa fille et n'a plus rien à attendre que de sa générosité. Saint-Tropez, trop peu riche pour offrir à lady Graham un état sortable, a dû renoncer à un projet qui ne lui réserve, en compensation de son opulence perdue, que le partage de la médiocrité. Mais, en renonçant au titre d'époux, il a entendu en garder les devoirs; il s'est promis d'être le protecteur et le conseiller de Sakontala, l'administrateur de sa fortune, le tuteur de sa fille et l'économe de sa maison. Alors commence, à travers mille tracas, à travers des malentendus, des désaveux, des déboires sans nombre, la lutte d'un dévouement ferme, clairvoyant, assidu, contre la mollesse qui se dérobe, l'ineptie qui ne sait pas voir, la nonchalance qui trahit. Sakontala ne désole pas seulement Calixte par sa faiblesse et ses désordres, elle le blesse chaque jour plus intimement et avec de bien autres douleurs, par l'ignorance même de son dévouement et par l'inintelligence de sa tendresse.

Il aperçoit de jour en jour davantage, sous la grâce aimable et sous la naïveté qui l'ont charmé, la nullité d'esprit, la stupidité des femmes de l'Orient. Il rêve, auprès de Sakontala somnolente, à ces unions fortes et actives où les cœurs et les volontés se concertent, où les regards et les pensées se comprennent! Souvent, pendant les longues soirées silencieuses, il épie le réveil de cette âme engourdie. « Attentif, j'écoute... espérant surprendre son secret. — Une ère nouvelle serait-elle sur le point de commencer pour nous? Notre silence serait-il l'épreuve pythagoricienne? »

La manière dont lady Graham conduit sa vie est déplorable. Sa maison n'est fréquentée que par des hommes et par des femmes compromis; des aventuriers de tout pays, de tout âge et de tout sexe tirent sur sa bourse, rognent ses revenus et la font vivre dans la gêne et dans les dettes. Calixte entreprend de la débarrasser de ces parasites et se fait autant d'ennemis de ceux et de celles que la mollesse de son amie a protégés contre lui.

L'éducation de Rachel, fille de Sakontala, est abandonnée à une institutrice anglaise, romanesque et intrigante, qui favorise les prétentions d'un prétendu chevalier de Jérémie, soi-disant émigré et ruiné par la révolution de Saint-Domingue. M. de Jérémie, qui s'est fait communiquer, par l'institutrice, le testament de lord Graham, exerce sur Rachel les séductions d'un charmant visage, et s'applique à la compromettre pour contraindre Sakontala à la lui donner pour femme.

Instruit de ces menées, Calixte provoque le chevalier; ils se battent et Calixte reçoit une balle dans la poitrine. Mais Rachel, déjà séduite, a pris aussitôt en haine l'adversaire, l'ennemi de son amant. Elle est près de lui demander compte de cette intervention dans sa destinée et de cette autorité usurpée sur sa vie. Depuis longtemps Rachel a changé pour lui; les caresses qu'enfant, à Hamps-Stead, elle rendait à l'ami de sa mère, elle les refuse à présent à l'étranger dont la présence lui est suspecte.

Le soleil de l'Inde l'a faite précocement femme; la passion l'a faite femme clairvoyante. En l'écoutant, en la regardant parler, Calixte est un jour frappé comme d'une révélation de l'éclat de cette belle fleur indienne violemment épanouie, malgré la froideur du climat d'Occident. Il découvre avec épouvante qu'il aime Rachel, et avec terreur qu'elle l'a deviné. Rachel a tout compris; et le mépris de l'amant, de l'amant infidèle à sa mère, s'ajoute dans son sourire à l'horreur du censeur intéressé. Tant d'éléments de discorde et de malheur font explosion dans la même soirée. Calixte a conduit sa maîtresse au bal de l'Opéra. Il l'y a conduite malgré lui et en cédant à un caprice auquel il a longtemps résisté. Une de ces femmes équivoques qu'il est parvenu à faire évincer du salon de lady Graham les a reconnus, insultés, poursuivis. Calixte et sa compagne deviennent les victimes de l'un de ces scandales communs au bal de l'Opéra, il y a quarante ans, lorsque la mode de l'intrigue y autorisait toute licence de paroles. Honnie, montrée au doigt, Sakontala s'évanouit; son ennemie, furieuse, profite du désordre pour lui enlever son masque, sous prétexte de la secourir. Ramenée chez elle accablée et à demi-morte, lady Graham apprend que sa fille, profitant de son absence, s'est enfuie avec son amant. La faible raison de Sakontala succombe à tant de honte et de douleur. A travers ce présent confus, plein d'angoisses, les images poétiques de son passé reparaissent. Lady Jenny Graham redevient Sakontala, la fille des bords du Gange, la veuve du nabab. Calixte la voix traîner au milieu de la chambre un lourd coffret qui contient tout l'appareil de deuil des veuves indiennes, répandre sur ses cheveux épars les cendres du foyer et approcher un tison enflammé d'un monceau d'étoffes disposé en lit funèbre. Elle psalmodie d'une voie délirante tantôt la prière des morts des Hindous, tantôt des passages de leurs livres sacrés. Calixte lui-même se transforme à cette lueur de délire rétrospectif et devient le serpent Addisechou, que Sakontala a recueilli chez elle pour se le rendre favorable et dont le venin l'a marquée pour l'enfer. Elle lui prédit d'une voix terrible le supplice éternel des adultères et des inhospitaliers : « En présence de Moïssassous et de ses huit cent millions de démons, dans les profondeurs du Taptaschournuz, il serrera dans ses bras une statue de femme de fer brûlant. »

Un kakatoès, qui rappelle le choucas de Jean-Paul Richter, dans *Titan,* et le corbeau fatidique d'Edgar Poë,

ajoute à l'étrangeté charmante de cette scène, en jetant à
travers les déclamations de l'insensée des lambeaux de
phrases hindoustaniques, apprises pendant les leçons
autrefois données par Sakontala à Calixte, et qui achèvent
d'exalter sa démence, en se présentant comme des ora-
cles. Cette scène de délire, plutôt que de folie, est une
des plus saisissantes et des mieux traitées que la littérature romanesque ait inventées. — Au bout de quelques
jours, délai voulu par le chevalier Jérémie pour consta-
ter l'enlèvement, Rachel Graham reparaît chez sa mère.
Sakontala revient à elle-même en reconnaissant sa fille.
La faute des fugitifs est mise sur le compte d'une passion irrésistible, et pardonnée; et Calixte voit avec désespoir s'accomplir ce mariage, tant combattu par lui, de
la fille de son amie avec un misérable perdu de dettes
et de débauches. « Mon destin est, dit-il, d'avoir toujours la souffrance la plus ignoble : prévenir le malheur,
le craindre et le *causer*; avoir, lorsqu'il arrive, les bras
enchaînés, et se débattre dans l'impuissance. » C'est là,
en quelque sorte, la *moralité*, la formule du roman.

Rachel et Jérémie mariés et installés chez leur mère,
Calixte ne croit plus pouvoir se maintenir avec dignité
dans la maison et se retire. Il sent d'ailleurs le cœur de
Sakontala refroidi pour lui, par l'effet des insinuations
perfides de Jérémie. Les suites de sa blessure, aggravée
par une affection de poitrine qu'il a négligée, l'obligent
bientôt à garder la chambre et le lit. Nous voyons alors
reparaître, à titre de consolateur et de garde-malade,

9.

le capitaine de hussards des premiers chapitres. Les ré-
flexions inouïes et les conseils outrecuidants de ce
Sancho Pança héroïque font une opposition divertis-
sante à la mélancolie des faits qui précèdent; c'est la
petite pièce après la grande; le commentaire d'un fat et
d'un butor sur le drame de la passion sincère. L'auteur
a donné une autre preuve de sa souplesse dans l'épisode des infortunes de Rachel Graham après son mariage, racontées en traits vifs et nets, à la façon de
Fiedling ou de Hogarth. Il semble que dans cette peinture du faux amour d'une dupe et d'un escroc, il ait
prétendu venger à pleine ironie les douleurs de l'amour
véritable.

Rachel a quitté sa mère et est passée en Angleterre
avec son mari. Maltraitée, ruinée, trahie, battue, elle
est contrainte, après six mois de mariage, de plaider
en séparation et de coucher avec son avocat pour l'inté-
resser à sa cause. — Saint Tropez mourant n'a plus rien
à donner à lady Graham que son nom. Le mariage est
célébré *in extremis* à Paris, dans la chapelle de l'ambassade anglaise. L'espoir d'échapper à l'influence de la
chute des feuilles dans un pays « où les feuilles ne tombent jamais; » le désir insensé de refaire une fortune
à Sakontala, l'engagent à partir avec sa femme pour
Calcutta. — Quelques mois après, le capitaine de hussards apprend que le navire l'*Asia*, qui portait les nouveaux époux, a péri en doublant le cap de Bonne-Espé-
rance.

Je voudrais, par cette analyse, avoir suffisamment marqué les saillies principales de ce remarquable ouvrage, pour en faire mesurer la profonde et vigoureuse contexture, et pour justifier ce que j'en ai dit en commençant. Je ne retire rien de ce que j'ai avancé. M. de Salles a abordé de front mille difficultés que Benjamin Constant avait éludées en plaçant son action dans un milieu social où les conséquences des actions humaines sont à peu près indifférentes, et en laissant son héros à un âge où les torts sont généralement excusables et réparables. Adolphe ne lutte que contre lui-même, ou plutôt il ne lutte pas : il subit, il souffre et il se plaint. Calixte lutte et agit : il lutte non-seulement contre lui-même, mais contre le monde et les difficultés de la vie, contre sa maîtresse et son entourage ; il est vaincu, mais il tombe avec noblesse. Cette chute, d'ailleurs, était dans la logique du sujet. En un mot, le roman des *malheurs d'une union illégitime* étant à faire, Benjamin Constant n'en a donné que l'esquisse ; M. Eusèbe de Salles l'a donné tout entier. Le style, dans *Sakontala à Paris,* est moins égal que dans *Adolphe,* mais il a, par moments, plus de fermeté et de relief ; quelquefois commun, parfois aussi incorrect ou vague, il se relève, dans certains endroits, par des élans d'éloquence impétueuse et effarée ; c'est le style sobre et contenu d'un philosophe plus préoccupé des idées que des formes, avec les éclairs de la passion. L'auteur a d'ailleurs montré son agilité et sa science d'écrivain dans les épisodes que j'ai cités. La scène du désespoir de Sakontala au retour du bal de

l'Opéra n'a pas d'analogue dans *Adolphe,* Benjamin
Constant surtout n'eut jamais osé risquer le perroquet.
Que ceux qui trouveraient cette observation singulière
réfléchissent à la difficulté d'introduire dans une scène
pathétique un objet burlesque sans en atténuer la gravité. Une autre qualité qu'il faut porter au compte de
M. Eusèbe de Salles, et sans laquelle, suivant nous, il
n'y a pas de vrai romancier, c'est la puissance comique.
Certains personnages, celui du capitaine de hussards,
fat, bête, bon enfant, celui du médecin Lasinec (charge
évidente du docteur Laënnec, l'inventeur du stéthos-
cope), le comique terrible des scènes conjugales entre
Rachel et Jérémie, montrent chez l'auteur cette faculté
double du rire et des larmes, qui dénonce le contem-
plateur. A la sincérité du ridicule chez le docteur et
chez l'officier, comme à la réalité des idiosyncrasies
orientales chez Sakontala, on devine un peintre compé-
tent. Médecin, militaire, orientaliste, M. de Salles sait
beaucoup de choses ; c'est une partie de sa force.

Le précédent roman de M. Eusèbe de Salles *Ali le
Renard ou la Conquête d'Alger,* fait plus que se déro-
ber à l'analyse, il la défie. C'est une sorte de roman-
panorama où l'auteur, officier interprète à l'armée d'oc-
cupation, ainsi qu'il signe sur le titre, a dramatisé avec
un talent remarquable les souvenirs de l'expédition et
les notes de son journal. Les esprits pratiques, qui sont
actuellement en majorité, plus curieux de renseignements que sensibles aux efforts de l'art, pourront re-

gretter que M. de Salles ait cru désirer aller plus loin que le simple exposé. Mais en 1832 les choses allaient tout autrement : c'était alors l'histoire, la statistique et la science qui avaient besoin du secours de la littérature, et l'auteur d'*Ali le Renard* a pu espérer plus de faveur de la forme romanesque donnée à son récit et à ses observations. Ce serait le contraire aujourd'hui. L'auteur donne d'ailleurs une autre raison de ce choix : c'est qu'ayant à juger des mesures, des intentions, des entreprises qui toutes n'ont pas son approbation, des personnes qui ne lui étaient pas également sympathiques, il a pensé que la forme impersonnelle du roman couvrirait davantage son impartialité.

Mêlés à des personnages imaginaires, les personnages réels échappent plus facilement au blâme et à la critique. Ils y échappent d'autant mieux que l'auteur, usant largement et jusqu'au bout de la liberté qu'il s'était donnée, les a tous débaptisés. Toutefois un lecteur contemporain des faits reconnaîtra sans trop de peine, sous le masque du pseudonyme, non-seulement les généraux en chef Bourmont, Berthezène, etc., mais jusqu'aux artistes et aux écrivains attachés à l'expédition : Merle, Isabey, Gudin et quelques autres. A la distance où nous sommes aujourd'hui des évènements, le livre de M. Eusèbe de Salles a tout l'attrait d'une chronique romancisée et pittoresque. On y saisit toutes vives les impressions premières de notre armée sur la terre d'Afrique. On y surprend à sa source et dans ses causes le périlleux antagonisme des administrations militaire et civile. A travers une multitude d'accidents, d'anecdotes, d'épisodes imaginés par le narrateur pour attirer l'attention sur tel ou tel détail, se détachent comme lignes principales les évènements capitaux de la conquête, la prise de la Casbah, la trahison du bey de Titery, et enfin la commotion produite dans l'armée par la nouvelle de la révolution de juillet. Le sentiment du comique, que j'ai déjà reconnu à l'auteur de *Sakontala,* se manifeste dès ce premier ouvrage par deux ou trois physionomies amusantes de soldats et d'administrateurs. En somme, lecture très-agréable, et qui, l'on s'en convainc à l'accent sincère de l'auteur et à la finesse de ses observations, peut encore beaucoup apprendre, après les traités *ex professo* des touristes politiques et des économistes.

Aly le Renard ou la Conquête d'Alger, fut d'abord publié par fragments dans le journal le *Voleur,* et avec un grand succès. Le livre eut deux éditions en un an. Un contemporain nous écrit qu'à l'une des soirées de Nodier, à l'Arsenal, où se trouvèrent M. Eusèbe de Salles et M. Victor Hugo, il vit « autant d'index dirigés vers l'auteur d'*Aly le Renard* que vers l'auteur de *Notre-Dame de Paris.* »

Le *Dictionnaire des Contemporains* de Vapereau donne une assez nombreuse liste de divers ouvrages de M. de Salles sur la médecine, l'ethnographie, etc., nous citerons : *Pérégrinations en Orient,* 2 v, in-8°, *Histoire générale des races humaines,* une *Histoire des sciences médicales* et une *Vie de Mahomet.* Par un hasard assez étonnant, *Sakontala* ne figure point sur cette liste, où se trouve cependant *Ali le Renard.*

Un autre roman, *l'Anévrisme ou le Devoir,* annoncé sur les couvertures de *Sakontala,* n'a point paru.

M. le comte François-Eusèbe de Salles, né à Marseille en 1801 et non en 1791 comme l'écrit le biographe Vapereau, étudia la médecine à Montpellier, et au retour de plusieurs voyages en Egypte, en Syrie et en Algérie, fut nommé, en 1838, dans sa ville natale, professeur de langue et de littérature arabes, place qu'il occupait encore il y a peu d'années.

PHILOTHÉE O'NEDDY.

Feu et Flamme, par Philothée O'Neddy; Paris, librairie orientale de Dondey-Dupré, 1833, in-8 ; imprimerie de Prosper Dondey-Dupré, rue Saint-Louis,
au Marais (1)

Frontispice eau-forte de C. Nanteuil : — groupes de
femmes et d'anges, reliés entre eux par des arabesques
encadrant un cartouche estompé sur lequel le titre est
inscrit. *Signé:* Célestin Nanteuil, 1833. — Dix *Nuits*
et six *Fragments* en vers, précédés d'une préface en
prose. Les épigraphes sont tirées des œuvres de Pétrus
Borel, Théophile Gautier, Alphonse Brot, Victor Es-
cousse, et principalement des œuvres inédites de *Théophile Dondey*.

Pour paraître dans le courant de l'année prochaine :

— *Entre chien et loup*, roman, 1 vol. in-8.

— *La Lame et le Fourreau*, roman poétique, in-8.

Ce livre, où l'on consomme considérablement de

(1) Tiré à trois cents exemplaires.

punch et d'opium, est un des plus rares de la série romantique. La signature, Philothée O'Neddy, est l'anagramme de Théophile Dondey, nom qui se trouve au
bas de quelques-unes des épigraphes du volume. Théophile Dondey était le neveu ou le cousin de Prosper
Dondey-Dupré, l'imprimeur de l'ouvrage, et qui fit les
choses en parent, car l'exécution matérielle est d'une
beauté remarquable : le frontispice de C. Nanteuil est
un des meilleurs et des plus heureux de cet artiste.

L'auteur de *Feu et Flamme* appartient au romantisme
bousingot. Pétrus Borel, le chef de l'école, le nomme
parmi les membres de sa camaraderie, Alphonse Brot
Auguste Mac-Keat, Napoléon Thomas, Vigneron, Joseph Bouchardy *(graveur au cœur de salpêtre)*, Théophile Gautier, Gérard, etc., etc. Les *Mosaïques*, par
Philothée O'Neddy, sont annoncées sur la couverture
de la première édition des *Rhapsodies* (Levavasseur,
1832), Seulement, Philothée (il avait dû inverser ainsi son
nom pour se distinguer de Théophile Gautier), qui n'était
qu'un enfant de cœur dans la synagogue, outre naturellement les allures et le langage des grands rabbins.
Son livre est précieux, comme une caricature, par l'exa-
gération.

A quiconque voudrait aujourd'hui se renseigner sur
l'idéal de la jeunesse française en l'an de grâce de 1833,
savoir ce qu'on prétendait être en ce temps-là, au prix
de quels excès sans limite on était résolu à fuir la platitude et le commun, il suffirait de lire la première pièce

Pandœmonium (première Nuit), et de prendre là, sur le fait, les aspirations des jeunes hommes au front *capace,* au teint *mat,* au sang *léonin,* qui festoient dans le *sombre* atelier de Jehan le statuaire.

— Que veulent-ils, ces incendiaires et ces forbans? A qui s'adresse la menace de leurs bras musculeux et de leurs poings toujours fermés? Ils hurlent, ils tempêtent, ils sacrent, ils blasphèment; les poëtes vocifèrent, les peintres écument, les architectes lèvent le pic, les sculpteurs brandissent le marteau. On croirait assister à une séance du tribunal du Saint-Vehmé, conspirant la mort des rois et la ruine de l'État; et, à les entendre fulminer contre le *mensonge social,* contre l'impureté du mariage, et organiser la croisade contre les institutions civiles et politiques, quelque révolutionnaire de nos jours serait peut-être tenté de les prendre pour les précurseurs du socialisme.

Mais il faut y prendre garde, Pétrus Borel et ses amis auraient eu horreur d'une organisation sociale basée sur le travail manuel, et que ne dominerait point le culte de la poésie et des arts. La société qu'ils voulaient démolir, c'était la société boutiquière et maltôtière, non pas même la bourgeoisie, mais le bourgeoisisme, l'autocratie des *chiffreurs,* pour employer un mot qui revient souvent dans les vers de notre O'Neddy. Au vrai, la forme du gouvernement leur importait médiocrement, et quant à l'économie politique, c'était bien vraiment le cadet de leurs soucis. Le catéchisme bousingot, tel qu'il est ex-

posé dans la préface de Philothée, n'est pas bien rigou-
reusement défini ; mais le dogme fondamental s'en dé-
gage çà et là dans ses vers assez formellement pour ne
laisser aucun doute, tantôt par des vœux délirants,
comme dans cette strophe :

Amour, enthousiasme, étude, poésie !
C'est là qu'en votre extase, océan d'ambroisie.
　　Se noîraient nos âmes de feu !
C'est là que je saurais, fort d'un génie étrange,
Dans la création d'un bonheur sans mélange,
　　ÊTRE PLUS ARTISTE QUE DIEU !!!

　　　　　　　　　(IIIe NUIT, *Rodomontade*.)

tantôt par des formules plus précises, comme dans ce
passage de la première Nuit :

Longtemps, à deux genoux, le populaire effroi
A dit : Laissons passer la justice du roi !
Ensuite on a crié et l'on crie encor : — Place !
La justice du peuple et de la raison passe ! —
Est-ce qu'épris enfin d'un plus sublime amour,
L'homme régénéré ne crîra pas un jour : —
Devant l'art-dieu , que tout pouvoir s'anéantisse,
Le POËTE s'en vient : PLACE POUR SA JUSTICE ?

*Place à la justice du poète ! Inclinez-vous devant la
divinité de l'art !* Voilà donc quel était le *Montjoye et
Saint-Denis !* des bousingots ; c'était là leur *Marseil-
laise* et leur *Carmagnole*, et l'on conviendra que rien
ne ressemble moins à la *Déclaration des droits de
l'homme* et au *Discours sur l'Etre suprême*. Charles

Baudelaire a remarqué fort justement que « si la Restauration s'était régulièrement développée dans la gloire, le romantisme ne se serait pas séparé de la royauté, et que cette secte nouvelle, qui professait un égal mépris pour l'opposition politique modérée, pour la peinture de Delaroche ou la poésie de Delavigne, et pour le roi qui présidait au développement du *juste milieu*, n'aurait pas trouvé de raisons d'exister. » (1)

Le Bousingotisme ne fut qu'une diversion du Romantisme. L'amour des jeunes têtes d'alors allait tout à la poésie et à l'art. La révolution de juillet les força de penser à la politique; elles refirent la politique à leur image et voulurent parler *romantique* à propos du roi et des chambres. Après juillet d'ailleurs la jeunesse littéraire retrouvait au pouvoir son éternel ennemi, le bourgeois; le bourgeois pair de France, député et officier de la garde nationale et plus que jamais voltairien, classique, ami de la tragédie. Parmi les pairs et les députés nouveaux se retrouvaient la plupart des signataires de la fameuse pétition au roi contre *Hernani*. Tout le reste, c'était la masse triomphante de ce parti myope, louche, sourd, cagneux et ladre, juste comme les balances d'un épicier, modéré comme l'impuissance, ennemi de toute exaltation et de toute grandeur, ignorant tout et ne comprenant rien, ne voulant rien apprendre ni rien comprendre, et par-dessus tout fier de son ignorance et

(1) Article sur Pétus Borel; *Revue fantaisiste* du 15 Juillet 1861.

de sa sottise ; fanfaron de liberté dans les temps de calme,
fanfaron d'autorité au jour de péril, préparant les révolu-
tions pour les combattre, et qui s'est décoré *lui-même*
d'une appellation équivoque et louche comme lui-même :
le *centre gauche*.—Entre les romantiques et ces gens-là,
c'était, au lendemain de juillet, la même guerre qui
continuait sur un autre terrain, et ils se firent adversaires
politiques, parce que leur éternel ennemi était devenu
Pouvoir ; mais, au fond, on peut le dire, toute leur
politique tenait dans le fameux sonnet de *l'Éléphant*,
de Théophile Gautier. On peut du moins l'assurer après
la préface de Philotée O'Neddy :

« Chaque jour, nombre de jeunes gens à convictions
« patriotiques viennent à s'apercevoir que si l'œuvre
« politique a une nature de Caliban, il faut directement
« s'en prendre à l'œuvre sociale, sa mère ; *alors ils met-*
« *tent bas le fanatisme républicain* et accourent s'en-
« rôler dans les phalanges de notre Babel... Certes,
« quoique naissante, elle est déjà bien miraculeuse et bien
« grandiose, cette Babel ! Sa ceinture de murailles
« enserre déjà des myriades de stades. La sublimité de
« ses tours crève déjà les nues les plus lointaines. A elle
« seule, elle a déjà plus d'arabesques et de statues que
« toutes les cathédrales du moyen âge ensemble. *La*
« *poésie possède enfin une cité, un royaume*, où elle
« peut déployer à l'aise ses deux natures : sa nature

« humaine, qui est l'art; sa nature divine, qui est la
« passion... Ouvriers musculeux et forts, gardez-vous
« de repousser ma faible coopération ; jamais vous
« n'aurez assez de bras pour l'érection d'une si grande
« œuvre ! Et peut-être ne suis-je pas tout à fait indigne
« d'être nommé votre frère. — Comme vous, je méprise
« de toute la hauteur de mon âme l'ordre social et sur-
« tout l'ordre politique, *qui en est l'excrément* ; comme
« vous, je me moque des anciennistes et de l'Académie ;
« comme vous, je me pose incrédule et froid devant la
« magniloquence et les oripeaux des religions de la
« terre ; comme vous, je n'ai de pieux élancements que
« vers la poésie, *cette sœur jumelle de Dieu*, qui départ
« au monde physique la lumière, l'harmonie et les
« parfums, au monde moral l'amour, l'intelligence et
« la volonté. »

Une revue du temps, économique et sociale, la *Revue
encyclopédique*, dirigée par MM. H. Carnot et Pierre
Leroux, rendit compte de *Feu et Flamme*, et ne man-
qua pas à tancer vertement ce détachement de la politique et de l'humanité. « Nous avons souvent eu l'occasion, dit l'article (signé T.), de nous élever contre les
vaines et dangereuses idées répandues dans ces derniers
temps au sujet de la poésie ; nous nous sommes plaints
de l'immoralité de cet art sans but et de l'absurdité de
cette idolâtrie exclusive de la forme, etc. » Le même
numéro contient un article très-curieux de M. Hippolyte Fortoul, un article de fond, où l'on peut juger les

doctrines littéraires de l'école humanitaire et philosophique. C'est un véritable article d'opposition contre le
Romantisme triomphant et Victor Hugo régnant; c'est
là que l'école du style et des images, la théorie de *l'art
pour l'art*, l'idolâtrie de la forme, sont impitoyablement
immolés à l'école des *penseurs* et des prophètes, et à la
théorie du progrès. A travers mille théories pédantesques,
arbitraires, abstruses, tortionnaires et hargneuses où
l'on apprend, à travers un commentaire tantôt historique, tantôt prophétique, que le roman est une arme
d'opposition et le drame une formule sociale; que Byron et Walter Scott « sont venus incarner en France le
dualisme d'idées de la Restauration, l'un par la néga-
tion du passé, l'autre par l'affirmation de l'avenir; » dualisme que l'auteur de l'article retrouve dans toutes les
œuvres éminentes de l'époque, depuis le *Cinq-Mars* d'Alfred de Vigny, « où le héros représente Walter Scott, et
le fils de Laubardemont, lord Byron; jusqu'à la *Marion
Delorme* de Victor Hugo, où Didier procède de Byron,
et Saverny de Walter Scott; » que « l'amour est un fait
éminemment social, » etc., etc., la sympathie du critique et de son école se manifeste par le choix des noms
qu'il met en opposition: d'un côté, Victor Hugo et
Mérimée: Victor Hugo, le poëte du monde extérieur,
un païen *sauvage* et irréligieux; Mérimée, un civilisé,
un athée de salon; de l'autre, Sénancour, Joseph Delorme, George Sand et Alfred de Musset: Obermann,
« un émigré, homme d'intelligence et de *progrès*; »
Lélia, « la dualité de *l'esprit* et de la *chair*; » Jacques

Rolla, « don Juan dans l'alcôve d'une prostituée...
moins poétique, mais plus vrai; » Joseph Delorme,
qui, quelque jour, déchirant son suaire, sortira de sa
tombe « *onctueux tribun de liberté et d'avenir!* »

Le dilemme est facile à poser : l'auteur de l'article est
ou un sectaire revendiquant pour l'honneur de sa secte
les écrivains plus ou moins contingents à ses doctrines;
ou bien il est un philosophe immolant, par amour du
métier, l'art d'écrire à la philosophie. Je n'ai jamais vu
que des théories vagues et contestables fussent plus im-
portantes qu'un art précis et éternel. M. Fortoul, ainsi
que ses adhérents, méconnaît la fonction du Romantisme, qui fut la reconstitution, la création de la langue
poétique et du style littéraire au dix-neuvième siècle. Il
donne pour ancêtres à sa doctrine : Abailard, Montaigne, Descartes et Voltaire; ce qui revient à dire que
tous les écrivains qui ont été *de leur temps* sont de la
même famille et ont les mêmes traditions. Le raisonnement ne me paraît pas rigoureux, et il y aurait trop de
choses à répondre. Mais que deviendrait la succession
de Voltaire entre les mains de Joseph Delorme, le tribun
onctueux de liberté et d'avenir ? En quoi Lélia et Rolla
sont-ils cartésiens ? En quoi Obermann, l'émigré, pro-
cède-t-il d'Abailard ?

Le pis est que M. Fortoul, si impitoyable pour les
images et pour le style *visible,* n'est ni moins lyrique ni
moins imagé que ceux qu'il foudroie. Toutes les fois
qu'il quitte l'analyse pour l'exposition, il se met à vati-

ciner comme un chantre et à rutiler comme un paon :
Exemples :

« Suspendez un moment votre marche triomphale, ô
poëte ! avant (que) d'entrer au Capitole, arrêtez-vous
sur le forum... »

« Ne parlez pas du vieil Isaïe ; voici des miracles nouveaux ; ne parlez plus des magnifiques murmures de
l'Océan : l'esprit du peuple fait plus de bruit que les
vents du ciel ; le flot du peuple est plus majestueux que
celui de la mer !

« Si le peuple en venant (chez vous) ne dit pas : Ceci
est ma maison, votre édifice s'abîmera !... et vous qui
vous êtes réservé le soin d'orner les boudoirs de nos
femmes et d'apprendre une langue polie et chaste à leurs
adorateurs, que deviendront votre peine et votre gloire,
lorsque *nos femmes* quitteront leurs boudoirs pour *nous*
accompagner sur la place publique ; lorsqu'elles campe-
ront avec nous sous les murs des villes à conquérir ;
lorsqu'elles monteront sur *nos chariots !* pour nous
suivre et nous exciter au combat ? » Ce n'est pas là certes le style de Montaigne, ni de Descartes, ni encore
moins celui de Voltaire. M. Fortoul ajoute : « La pro-
phétie est aujourd'hui la nécessité de toute grande
poésie. » Ce n'est pas lui certes qui a été prophète !

Le vent de février 1848 a soufflé sur ces apocalypses.
On en est revenu à croire que le bon écrivain est celui
qui écrit bien, et le bon poëte celui qui fait bien les vers.
Les romantiques n'ont jamais prétendu autre chose.

10.

L'article Signé *T.* de la *Revue encyclopédique* (1) a accordé huit pages de citation à O'Neddy. Je serai moins généreux. Je ne saurais cependant, sans mauvaise grâce, après cette longue audience donnée chez lui à un étranger, marchander à un poète quelques moments d'attention. J'analyserai donc, en en donnant quelques extraits, comme spécimen de la manière de l'auteur, la première pièce du recueil, celle-là même que le rédacteur de la *Revue encyclopédique* trouve la plus caractéristique et la plus scandaleuse pour sa conscience de patriote et de philosophe progressiste; elle est intitulée *Pandæmonium.*

— Il y a punch et raout dans l'atelier de Jehan, le statuaire. Jehan, le statuaire, reçoit ses amis. C'est Reblo, le poète, don José, le duelliste, Noël, l'architecte, etc. Les architectes ont joué un grand rôle dans le bousingotisme. Il y avait déjà M. Jules Vabre, des *Rhapsodies.*

De bonne foi, Jules Vabre...

l'auteur inédit du traité de l'*Incommodité des commodes;* Robelin, le gothique convaincu des soirées de la mère Saguet. Vigneron, un autre bousingot, avait été maçon, et l'on m'a assuré que Pétrus Borel lui-même avait manié l'équerre. On pourrait s'étonner de l'intrusion d'une profession aussi pacifique, de gens qui travaillent patiemment, proprement, avec des crayons et de la mie de pain, dans ces turbulents conventicules.

(1) Tome LIX, août 1833.

Mais l'architecture a eu son importance dans la révolution romantique ; on l'y avait intronisée de par la symbolique et l'histoire : *Ceci tuera cela!* Le livre avait
tué l'architecture ; il s'agissait de la ressusciter avec de
nouveaux symboles. Le catéchisme avait tué l'architecture catholique ; on prétendait créer l'architecture sociale. L'architecte, mécontent et homme d'avenir, trouvait donc naturellement sa place dans la Convention
des Arts.

Revenons à Philothée et à ses amis. — On fume et
l'on boit du punch.

> Vingt jeunes hommes tous artistes dans le cœur,
> La pipe ou le cigare aux lèvres, l'air moqueur,
> Le temporal orné du bonnet de Phrygie,
> En barbe jeune-France, en costume *d'orgie*,
> Sont pachalesquement jetés sur un amas
> De coussins dont maint siècle a troué le damas.
> — Et le sombre atelier n'a pour tout éclairage
> Que la gerbe du punch, spiritueux mirage!

Voilà donc le signalement du jeune-France : bonnet
rouge sur la tête, longue barbe, pipe ou cigare à la
bouche, pose pachalesque : quant au *costume d'orgie*,
il nous faut payer d'imagination.

> ...A travers les anneaux du groupe des viveurs,
> Glissent quelques rayons vagues, douteux, rêveurs,
> Qui s'en vont détacher des ombres fantastiques
> Le spectre vacillant des objets artistiques, etc., etc.
> ....Si le tissu moiré du nuage odorant

Que la fumée élève était plus transparent,
Vous pourriez avec moi, de ces pâles figures,
Explorer à loisir les généreux augures,
Le développement capace de ces fronts,
Les rudes cavités de ces yeux de démons,
Ces lèvres où l'orgueil frémit, ces épidermes
Qu'un sang de lion revêt de tons riches et fermes.
Tout chez eux puissamment concourt à proclamer
Qu'ils portent dans leurs seins des cœurs promps à
De haine virulente ou de pitié morose   [s'armer
Contre la bourgoisie, et le code, et la prose ;
Des cœurs ne dépensant leur exaltation
Que pour deux vérités : l'art et la passion !...
Quand on vit que du punch s'éteignait le phosphore,
Mainte coupe d'argent, maint verre, mainte amphore,
Ainsi qu'une flottille, au sein du bol profond,
Par un faisceau de bras furent coulés à fond.
Rivaux des templiers du siècle des croisades,
Nos convives joyeux burent force rasade.
Chaque cerveau s'emplit de tumulte, et les voix
Prirent superbement la parole à la fois.
...Vrai Dieu ! quels insensés dialogues...

Et, pour peindre le tumulte, l'incohérence, la lutte
bruyante de ces paroles se croisant et se heurtant dans
un crescendo d'enthousiasme, le poëte imagine la comparaison que voici :

Représentez-vous une ville espagnole
Qu'un tremblement de terre épouvante et désole. —
Les balcons, les boudoirs des palais disloqués
S'en vont avec fracas tomber entre-choqués

Avec tous leurs parfums, toutes leurs armoiries,
Dans les hideux égouts, les infectes voiries.
Les monuments chrétiens, les dômes surdorés,
Leurs flèches de granit, leurs vitraux diaprés,
S'en vont rouler parmi les immondes masures
Du noir quartier des Juifs, sale tripot d'usure.
Une procession de chastes capucins
Veut sortir, pour combattre avec des hymnes saints
La rage du fléau : le fléau sarcastique
Vous l'enlève et la pousse en un lieu peu mystique,
Où des filles de joie et d'ignobles truands
Festinent, de débauche et d'ivresse béants.
D'abomination, d'horreur, tout s'enveloppe :
En un mot l'on dirait un kaléidoscope
Immense, monstrueux, que l'exterminateur
Fait tourner dans ses mains de mystificateur. —
Eh bien, dans leurs discours c'était même anarchie !
Les plus divins élans de morale énergie,
Les extases de gloire et d'immortalité,
Les vœux pour la patrie et pour la liberté
Se noyaient, s'abîmaient dans le rire et le spasme.
D'un scepticisme nu, tout lépré de sarcasme.
De beaux rêves d'amour, qu'eût enviés Platon,
Trempaient leurs ailes d'ange au sordide limon
D'un cynisme plus laid, plus vil en ses huées
Qu'un hôpital de fous et de prostituées.
Coq-à-l'âne, rébus, sornettes, calembourgs,
. . . .
Se ruaient à travers les plus graves colloques,
Et vous les flagellaient de plates équivoques.
Enfin, c'était du siècle un fidèle reflet,
Un *Pandœmonium* bien riche et bien complet.

Un des assistants se lève au milieu du vacarme, et d'une voix vibrante récite une ballade de Victor Hugo, la *Danse du Sabbat* peut-être, ou le *Pas d'armes du roi Jean*. Bientôt une *odeur magique de moyen âge* se répand et circule dans l'atmosphère; les panoplies tressaillent sur les murailles; les chevalets s'ébranlent, les maquettes sautent sur les celles. — *O les anciens jours!* s'écrie Reblo, *les anciens jours!* Et il déroule une longue tirade à l'honneur de l'heureux temps des superstitions et des aventures pleines de hardiesse, où le drame, les terreurs et les fantômes venaient chercher le poëte, où l'amour était un danger, et où les combats et les rencontres, les surprises surgissaient sous les pas de quiconque

> Avait des flots de lave dans le sang,
> Du vampirisme à l'œil, des volontés au flanc !

> .... Avoir des aventures
> Oh ! c'est le paradis pour les fortes natures !...

Après Reblo,

> Un visage moresque
> Leva tranquillement sa pâleur pittoresque,
> Et, faisant osciller son regard de maudit
> Sur le conventicule, avec douleur il dit...

Ce qu'il dit, c'est que dans des temps aussi banals que ceux-ci, toute camaraderie des grands cœurs est ridicule : ce n'est plus qu'au désert qu'on peut rugir librement ! « A quoi bon nous bander désormais et lutter contre une société qui n'a pour nous répondre que les sergents de ville et l'échafaud ? »

Si, me jugeant très-digne, au fond de ma fierté,
De marcher en dehors de la société,
Je plonge sans combat ma dague vengeresse
Au cou de l'insulteur de ma dame et maîtresse,
Les sots, les vertueux, les niais m'appelleront
Chacal... (c'est dur!) Tous, d'une voix, ils me décerneront
Les honneurs de la Grève; et si les camarades
Veulent pour mon salut faire des algarades,
Bourgeois, sergents de ville et valets de bourreau
Avec moi les cloûront au banc du tombereau.
Malice de l'enfer!... A nous la guillotine!
A nous, qu'aux œuvres d'art notre sang prédestine!...
A nous qui n'adorons rien que la trinité
De l'amour, de la gloire et de la liberté!...
Ciel et terre!... Est-ce que les âmes de poëte
N'auront pas quelque jour leur vengeance complète?..

. . . .

A son tour, *l'architecte* Noël porte son toast :... à
l'adultère !

... Battons le mariage en brèche! Osons prouver
Que ce trafic impur ne tend qu'à dépraver
L'intellect et le sens; qu'il glace et pétrifie
Tout ce qui lustre, adorne, accidente la vie.
Je sais bien que déjà plusieurs cerveaux d'airain,
S'emmantelant aussi d'un mépris souverain
Pour les vils préjugés de la foule insensée,
Se sont faits avant nous brigands de la pensée.
Mais, parmi la forêt des vénéneux roseaux
Que l'étang social couronne de ses eaux,
C'est à peine s'ils ont détruit une couleuvre.

Il serait glorieux de parachever l'œuvre,
Et de faire surgir du fond de ce marais
Une île de parfums et de platanes frais.

La dernière motion est faite par don José, qui, « l'œil enflammé et l'organe en délire, » propose à ses frères une sorte d'assurance mutuelle pour le duel, qui doit avoir pour effet l'extinction finale de la bourgeoisie.

Pendant que don José parlait, un râlement
Sympathique et flatteur circulait sourdement
Dans l'assemblée; et quand ses paroles cessèrent,
Les acclamations partirent...
Et jusques au matin les damnés jeune-France
Nagèrent dans un flux d'indicible démence,
Echangeant leurs poignards, promettant de percer
L'abdomen des chiffreurs, jurant de dépenser
Leur âme à guerroyer contre le siècle aride.
Tous, les crins vagabonds, l'œil sauvage et torride,
Pareils à des chevaux sans mors ni cavalier,
Tous, hurlant et dansant dans le fauve atelier,
Ainsi que des pensers d'audace et d'ironie
Dans le crâne orageux d'un homme de génie !

C'est sans doute au sortir d'une scène pareille que Théophile Gautier imagina la fameuse *Orgie des jeune-France,* où balzaciens, flambarts et janinistes exécutent, le livre à la main, les programmes divers de la *Salamandre*, de *Barnave* et de la *Peau de chagrin.* Seulement là où le malin poète apercevait la caricature dans l'effort trop tendu, d'autres moins avisés, brutaux, candides, trouvaient un idéal à leur mesure et s'y an-

craient résolûment. On sait ce que durèrent les modes
de déclamations furibondes, de malédictions artistiques
et de toilettes cyniques arborées comme défi au bourgeois ! Petrus Borel tira de ces théories un système qu'il
appela Lycanthropie. Celui-là peut-être était le seul
sincère. Où sont-ils aujourd'hui les *cousins* du poignard, les fidèles de la confrérie du Bousingot ? Cher-
chez Auguste Mac Keat dans M. Auguste Maquet,
Alphonse Brot dans ses romans lunaires, et Bouchardy
au cœur de salpêtre dans les mélodrames de la Gaîté !
Ils valaient mieux dans leur bon temps ! — Ils ont marqué la borne extrême en deçà de laquelle les sages ont
passé, et dans ces haines excessives du vulgaire et du
banal, s'il entrait beaucoup de ridicule, il n'entrait du
moins rien de vil. Ces gens-là n'ont jamais parlé d'argent, ni d'affaires, ni de *position.*

Quant à Philothée-Théophile Dondey, la part faite
des outrances exigées par les statuts de la confrérie, ce
n'était rien de moins qu'un poète sans valeur. Il avait
la couleur, le mouvement (on en a pu juger dans la
comparaison de la peste), et ses incorrections étaient au
moins des audaces. Théophile Gautier, qui l'a connu
et bien jugé, nous disait de lui qu'il était un « forgeur
d'alexandrins. » Cela est vrai : son vers ferme et vigoureux le prédestinait à la satire ou au théâtre. Charles
Monselet croit le reconnaître dans M. Th. Dondey de
Santeny, auteur de deux nouvelles, l'*Anneau de Salomon* et le *Lazare de l'amour,* publiées, celle-ci dans la

Patrie, celle-là dans la collection de l'imprimeur Boulé.
M. Monselet (V. *Lorgnette littéraire,* 1857) cite,
comme extrait du *Lazare de l'amour,* un sonnet qui
rappelle en effet le ton et la manière de l'auteur de *Feu
et Flamme.*

NAPOL LE PYRÉNÉEN.

La pièce qu'on va lire a été une des premières que
nous ayons admirées dans notre enfance, et pendant une
vingtaine d'années le nom de son auteur a été pour nous
une énigme insoluble et laborieuse. Quérard, dans ses
Supercheries (t. III, n° 5o5o), le déclarait absolument
inconnu; et M. Emile Deschamps, le héraut des gloires
poétiques de notre âge, qui sait si bien par cœur le nom
des plus obscurs soldats de la Muse Française, se trouvait en défaut au sujet de Napol-le-Pyrénéen. Lorsqu'en 1862 nous insérâmes en témoignage d'un ancien
enthousiasme, ces magnifiques strophes dans le quatrième
volume de l'anthologie des *poëtes français* publiée par
Eugène Crépet, nous avions renoncé à toute recherche :
l'auteur de *Roland* était pour nous mort ou fabuleux ;
quand un article de M. Paul Boiteau dans la *Revue de
l'Instruction publique* vint inopinément nous révéler
le nom si longtemps poursuivi sous le domino de
l'anonyme. Nous apprîmes alors que Napol le Pyrénéen
était au vrai M. Napoléon Peyrat, pasteur protestant,
ami de Lamennais et de Béranger, et auteur de plusieurs

ouvrages en prose. (1) Le vœu que nous exprimions dans la notice de l'anthologie de voir les révélations de M. Boiteau complétées par sa publication des poésies de M. Peyrat, fut réalisé l'année suivante. Il en parut tout un recueil (*L'Arise*, romancero par Nap. Peyrat. Paris, Ch. Meyrueis, in-16, de 352 pp.) où la pièce de *Roland* se trouve naturellement comprise, mais avec de tels changements qu'il nous a paru intéressant de reproduire ici la version primitive, en invoquant la piété des souvenirs. Voici donc ce texte original consacré dans notre mémoire par les premières impressions de la jeunesse; le voici tel que nous l'avons redonné déjà au quatrième volume de l'anthologie des *Poëtes français*, et avec le commentaire qui l'y précède et que l'éditeur M. Crépet, auquel ce livre doit déjà quelques complaisances du même genre nous a permis de rapporter ici.

« Deux livraisons d'une encyclopédie populaire publiée vers 1833 ont révélé aux liseurs de vers le nom et le talent de Napol le Pyrénéen. Cette encyclopédie, dirigée par un économiste, avait réservé, parmi toutes sortes de traités de chimie et d'abrégés historiques, deux livraisons à la poésie moderne, et, contre l'ordinaire en pareil cas, le choix des auteurs et des morceaux à citer avait été confié à un lettré judicieux qui avait eu le bon sens

(1) *Histoire des Pasteurs du désert;* les *Réformateurs de la France* et de *l'Italie au XII*e *siècle; Histoire de Vigilance; Béranger et Lamennais, correspondance, entretiens et souvenirs.*

et le courage d'aller prendre la poésie moderne là où elle était alors, c'est-à-dire dans les rangs de la nouvelle génération. De nombreux morceaux de Victor Hugo, de Lamartine, d'Auguste Barbier, de de Vigny, de Sainte-Beuve, d'Émile et d'Antony Deschamps, etc., manifestaient franchement la sympathie et les intentions du collecteur. Si nous ajoutons à ces noms ceux de Théophile Gautier, de Jean Polonius, Fontaney, Ernest Fouinet, Drouineau, Ulric Guttinger, on conviendra que, pour 1833, c'était assez d'audace. C'est dans ce recueil que se produisit, pour la première et la seule fois, le nom de Napol le Pyrénéen, au bas de la pièce que nous citons. Cette pièce, et c'était tout. Mais l'allure en était si vive, le mouvement si pittoresque, la couleur si énergique, que cette pièce unique suffit pour sauver la mémoire du poëte et pour faire rechercher longtemps, par les amateurs de poésie vivace et sanguine, la mince brochure qui la contenait : car plus tard, il faut bien le dire pour être complet, on était revenu sur les premières audaces ; le collecteur trop aventureux avait été désavoué, et au lieu et place du recueil primitif, tout hérissé de noms flamboyants et qui sentaient la bataille, on en avait substitué un autre d'un ton plus sage et plus calme, et revêtu de signatures moins suspectes à la conscience des économistes. Mais, néanmoins, le premier recueil avait fait son chemin ; une jeunesse curieuse, affamée de promesses et de nouveautés, en avait rapidement enlevé tous les exemplaires ; et peut-être ce premier levain déposé dans les jeunes intelligences a-t-il contribué, plus

qu'on ne le croirait, à décider le mouvement favorable
de l'opinion publique.

« Je reviens à Napol le Pyrénéen et à son œuvre complète de cent vingt vers. Peut-être se récriera-t-on contre
le soin pieux qui nous fait recueillir cette pièce isolée
d'un poëte qui, véritablement, a montré trop peu de
courage, ou peut-être trop de modestie. Nous répon-
drons qu'en littérature, tout ce qui vient à sa date a sa
valeur. Un poëte qui, en 1833, se plaçait du premier
coup entre les *Odes* et *ballades* et les *Orientales*, et
qui, du premier coup manifestait, en les exagérant au
gré de quelques-uns, les qualités, tant recherchées alors,
du pittoresque, de la couleur, de l'image vivante et
voyante, ne saurait être détaché du groupe dans lequel
il a figuré. En lisant cette pièce d'une exécution magis-
trale, la parenté d'idées et d'intention du poëte avec
l'auteur des *Orientales* est évidente. Il y a de l'ode à
Grenade dans les premières strophes; la suite rappelle
la *Bataille perdue*. Les images riches et correctes sont
frappantes de vérité. Ce n'est plus un pays deviné, rêvé,
recréé pour ainsi dire par l'imagination puissante d'un
poëte grand magicien, mais un pays vu, compris et ad-
mirablement rendu en quelques coups d'un savant pinceau : la *vermeille Orléans*, Limoges, *aux trois svelte
clochers*, l'*Aveyron murmurant* entre des *pelouses
pleines de parfums*, les *grèves pensives* du Rescoud, le
Tarn *fauve* et *fuyant*, la Garonne *aux longs flots*, aux
eaux *convulsives* où nagent des *navires bruns* et des

îlots verdoyants, parleront à l'œil de quiconque a suivi le même itinéraire. Tout le reste de la pièce enlevé d'un mouvement rapide, comme la course du voyageur auquel elle est adressée, ou comme le galop des chevaux de Muça-el-Kebir, étincelle de vives couleurs et de traits brillants qui sautent à l'œil. C'est: Toulouse, jetée comme une *perle* au milieu des *fleurs*; les *blancs chevaux* à la *crinière argentée*, dont le pied grêle a des poils noirs *comme des plumes d'aigle*; c'est encore Fénélon, le *cygne aux chants divins*

>   Qui nageait aux sources d'Homère!

c'est enfin, à la dernière strophe, les armées passant par Roncevaux: — *soldats, canons, tambours, chevaux, chants tonnant dans l'espace*, etc. — Voilà bien l'art de 1833; l'art d'enchâsser savamment l'image dans le vers et de tout combiner pour l'effet, et le son, et la figure, et le rhythme, et la coupe, et la place et l'enjambement. L'atteindre ainsi du premier coup et dans sa perfection, était certes la preuve d'un talent et d'une intelligence peu ordinaires; et c'est pourquoi nous avons tenu à recueillir, parmi les chefs-d'œuvre de cette époque, cette épave d'un poëte qui ne vivait plus, depuis longtemps, que dans la mémoire des dilettantes.... »

ROLAND

A.P.T.

Vous allez donc partir, cher ami, vous allez
Fuir vers notre soleil, comme les vents ailés;
>   Déjà la berline jalouse

Frisonne sous le fouet, inquiète, en éveil,
Belle et fière d'aller bondir sous le soleil
   Où s'endort la brune Toulouse.

Que Dieu vous garde, ami ! — Mais lorsque vous aurez
Franchi monts et vallons, et fleuves azurés,
   Villes et vieilles citadelles,
La vermeille Orléans, et les âpres rochers
D'Argenton, et Limoge, aux trois sveltes clochers,
   Pleins de clochers et d'hirondelles,

Et Brive et sa Corrèze, et Cahors et ses vins,
Où naquit Fénélon, le cygne aux chants divins
   Qui nageait aux sources d'Homère ; —
Arrêtez un moment votre char agité
Pour voir la belle plaine où le More a jeté
   La blanche cité votre mère ;

Ces plaines de parfums, cet horizon fleuri,
L'Aveyron murmurant, des pelouses chéri,
   Le Tescoud aux grèves pensives,
Le Tarn fauve et bruyant, la Garonne aux longs flots,
Qui voit navires bruns et verdoyants îlots
   Nager dans ses eaux convulsives ;

Et puis, voyez là-bas, à l'horizon, voyez
Ces grands monts dans l'azur et le soleil noyés ;
   On dirait l'épineuse arête
D'un large poisson mort entre les océans,
Ou bien quelque Babel, ruine de géants,
   Dont la foudre ronge la crête.

Non, ce mur de granit qui clôt ce bel Éden,
C'est Charlemagne, c'est Roland le paladin
    Qui lui fit ces grandes entailles;
Qui tronqua le Valier, blanc et pyramidal
En faisant tournoyer sa large Durandal
    Contre les Mores, aux batailles.

Les Mores ont haché les rois goths à Xérès;
Leurs bataillons fauchés sont là dans les guérets,
    Comme des gerbes égrenées.
L'Arabe, sur les pas de Muça-el-Kevir,
Fait voler son cheval du bleu Guadalquivir,
    Jusques aux blanches pyrénées.

Mais un jour que Muça-el-Kevir a voulu
Traquer, sur leurs sommets, un vieil ours chevelu,
    Grimpant de pelouse en pelouse,
Il monte au pic neigeux du Valier... Ébloui,
Il voit un horizon en fleurs épanoui,
    Où, comme une perle, est Toulouse.

    « Fils d'Allah, dégainez vos sabres! fils d'Allah,
Montez sur vos chevaux! La France est au delà,
    Au delà de ces rocs moroses!
L'olive y croît auprès du rouge cerisier;
La France est un jardin fleuri comme un rosier
    Dans la belle saison des roses. »

L'Arabie, en nos champs, des rochers espagnols
S'abattit; le printemps à moins de rossignols
    Et l'été moins d'épis de seigle.

                              II.

Blonds étaient les chevaux dont le vent soulevait
La crinière argentée, et leur pied grêle avait
    Des poils comme des plumes d'aigle.

Ces Mores mécréants, ces maudits Sarrasins
Buvaient l'eau de nos puits et mangeaient nos raisins,
    Et nos figues et nos grenades,
Suivaient dans les vallons les vierges à l'œil noir,
Et leur parlaient d'amour, à la lune, le soir,
    Et leur faisaient des sérénades.

Pour eux leurs grands yeux noirs, pour eux leurs beaux
                       [seins bruns,
Pour eux leurs longs baisers, leur bouche aux doux
    Pour eux leur belle joue ovale;   [parfums,
Et quand elles pleuraient, criant: «Fils des démons! »
Il les mettaient en croupe, et par-dessus les monts
    Ils faisaient sauter leur cavale.

« Malheur aux mécréants! Malheur aux circoncis !
Malheur! » dit Charlemagne, en fronçant ses sourcils
    Blancs et jetant des étincelles.
« Sire, disait Turpin, ne souffrez pas ainsi
Qu'un Africain maudit vienne croquer ici,
    A votre barbe, vos pucelles. »

Charlemagne, Roland, Renaud de Montauban
Sont à cheval; le gros Turpin, en titubant
    Sur sa selle, les accompagne :
Ils ont touché les os de saint Rocamadour;
Mais, du Canigou blanc aux saules de l'Adour
    Les Mores ont fui vers l'Espagne.

Non, ils sont sur les monts, menaçant à leur tour ;
Ils coiffent chaque pic, comme une ronde tour,
    De leur bannière blanche et bleue ;
Hérissent le granit des crêtes du rempart,
Et crient : « Chiens, ne mordez l'oreille au léopard,
    Du lion n'épluchez la queue ! »

Et Roland rugissait, et des vautours géants,
Des troupeaux d'aigles bruns, volaient en rond, béants,
    Faisant claquer leurs becs sonores ;
Et Roland leur disait : « Mes petis oiselets,
Un moment, vous allez avoir bons osselets,
    Et belles carcasses de Mores ! »

Un mois il les faucha, sautant de mont en mont,
Jetant leurs corps à l'aigle et leur âme au démon
    Qui miaule et glapit par saccades ;
Les âmes chargeaient l'air comme un nuage noir,
Et notre bon Roland, en riant, chaque soir,
    S'allait laver dans les cascades.

Mais tu tombas, Roland ! — Les monts gardent encor
Tes os, tes pas, ta voix et le bruit de ton cor.
    Et, sur leurs cîmes toujours neuves,
Ont, comme un Sarrasin, une nue en turban ;
La cascade les ceint et les drape, en tombant,
    De l'écharpe d'azur des fleuves.

Nos pères, du soleil et du canon bronzés,
Sont morts aussi, mordant leurs vieux sabres usés,
    Sur tous ces rochers de l'Espagne,

Dis-moi, toi qui les vis, quand ils tombaient ainsi,
Etaient-ils grands, et grand notre empereur aussi,
    Comme ton oncle Charlemagne ?

Ah ! si vers l'Èbre, un jour, passaient par Roncevaux,
Nos soldats, nos canons, nos tambours, nos chevaux,
    Et nos chants tonnant dans l'espace,
Lève-toi, pour les voir, lève-toi, vieux lion,
Plus grande que ton oncle et que Napoléon,
    Viens voir la Liberté qui passe.

ÉMILE CABANON

1834. *Un Roman pour les cuisinières*, par Émile Cabanon. E. Renduel, in-8 ; blason sur le titre. — Jolie
vignette de Camille Rogier. — Maroquin citron. tr.
dorée (*Lortic*)

Emile Cabanon, mort il y a une quinzaine d'années,
a été rédacteur du *Corsaire* et du *Journal des Enfants*.
C'était un mystificateur à outrance, du temps où les mys-
tifications étaient à la mode. C'est de lui cette plaisan-
terie, tant répétée depuis et attribuée à tant de gens, qui
lui fit forcer les portes du Théâtre-Français un jour de
représentation extraordinaire : « — Votre nom? lui de-
manda le contrôleur en l'arrêtant. — *Prince de Cour-
tenay... branche éteinte !!* » et il passa.

Ce roman même est une mystification, qui commence
dès le titre, dont il faut aller chercher l'explication à la
dernière page du livre. L'auteur, pour répondre à l'ac-
cusation de frivolité, d'inutilité, portée contre la littérature moderne, y donne une recette merveilleuse pour
accommoder les cailles ; voilà donc un roman *utile*...
pour les cuisinières.

Le sujet est à peine racontable. Et certes les feuilleto-
nistes d'à présent y regarderaient à deux fois avant que
d'entamer le récit d'une aventure qui choque également
la vraisemblance, la religion et la morale publique. Mais
ce qui serait dangereux dans un feuilleton doit être in-
nocent dans un catalogue. La bibliographie est comme
la statistique, elle enregistre et n'approuve pas.

Le héros de M. Cabanon, Julio de Clémentine, est, en
l'an de grâce 1834, un jeune homme à la mode : jeune
(il n'a que vingt ans), beau, riche, noble comme le roi,
poëte et artiste; l'idéal de la jeunesse d'alors et de toute
jeunesse. Le bruit de ses bonnes fortunes remplit Paris.
C'est à la fois un sultan et un Lovelace ; et, pour soutenir cette réputation de prince Charmant et de filleul
des Fées magnifiques, il n'épargne ni l'intrigue, ni la
dépense, ni les fatigues. Rien que par ce début, il est
évident que nous entrons en plein dans le domaine de
la folie et de l'impossibilité. Une fois admis ce jeune
homme doué comme un rêve, on n'est plus étonné de
voir arriver chez lui, sur sa seule renommé de générosité et de galanterie, une jeune et noble dame, belle, cela
va sans dire, épouse légitime d'un vieux seigneur jaloux et sévère, pour lui offrir, en échange d'un service
considérable, sa beauté, sa jeunesse, sa couronne et sa
vertu. Maître Julio écoute la proposition avec la gravité d'un notaire et le calme d'un vieil Asiatique dé-
taillant les beautés d'une odalisque. Il est entendu d'a-
vance qu'il accepte. Dire les folies qu'imaginent ces deux

extravagants pour prouver leur magnanimité, celui-ci
en négligeant les épingles du marché, celle-là en les faisant
prendre, je ne l'essaierai pas. Au lendemain de ce duel
de fatuité et de coquetterie, Julio est ruiné coup sur coup :
ses fermes brûlent, ses banquiers s'envolent, son notaire passe la frontière. Voilà le Sardanapale, le délicat,
le raffiné, le magnifique, réduit à quinze cents francs de
rente ; et le somptueux hôtel, le jardin digne de Wat-
teau, les écuries splendides, le boudoir peint et doré
comme une boîte de Chine remplacés par une mansarde
du faubourg du Roule. Le jeune sultan déchu passe ses
journées à fumer de l'opium. Un jour, à travers son
rêve, il voit entrer dans sa chambre une femme voilée et
mystérieuse, vêtue de noir, à la voix chuchotante. C'est
la dame du premier chapître, la Cydalise oubliée depuis
un an, qui vient s'acquitter envers Julio et lui demander
sa revanche. Un conseiller facétieux lui a persuadé
qu'elle ne pouvait expier pleinement sa faute qu'en imposant à sa vertu repentante la pénitence humi-
liante de la répétition, et de la répétition identique.
C'est au tour de la dame à être superbe ; à Julio d'être
suppliant et désespéré. Un petit empoisonnement manqué accommode les choses. Les soixante mille francs res-
titués par la Cydalise, accrus par un héritage inattendu,
remettent Julio sur ses pieds. Il en profite pour se ranger
et se caser dans une petite existence bourgeoise. Il est
grenadier dans une compagnie de la garde nationale,
devient de première force au dominos et consacre ses
loisirs aux progrès de l'art culinaire. C'est à ses médi-

tations et à ses expériences que nous devons la recette
des *cailles à la Clémentine*.

Voilà assurément des folies bien folles et que la critique du parquet ne laisserait point passer. Et pourtant
je ne cacherai pas mon faible pour ces histoires in-
sensées racontées avec l'entrain de la candide outrecui-
dance de la jeunesse. Voir un danger social dans de
telles facéties, c'est accorder trop d'importance à des his-
toriettes. J'ajoute, pour le soulagement de ma conscience, que les exemplaires de celle-ci sont devenus extrê-
mement rares, s'il ne sont pas tout à fait introuvables.
Le livre est écrit sur le ton leste et preste, et avec l'a-
bandon naïf d'un brave homme qui se croit à l'abri de
tout péril comme de tout remords. La peinture est
brillante, pimpante, fanfaronne et reste dans l'œil. Je
ne connais pas d'autres ouvrages du journaliste Emile
Cabanon.

La vignette qui représente Julio le charmant endormi
dans un fauteuil au pied du lit d'où la Cydalise le regarde avec stupeur, est la plus jolie chose que j'aie vue
signée de C. Rogier. Que Dieu fasse paix à l'âme du
conteur !

THÉOPHILE DE FERRIÈRE.

— *Les Contes de Samuel Bach* (*Il Vivere*), par Théophile de Ferrière. Paris, rue des Grands-Augustins,
in-8. MDCCCXXXVI. (Pas de nom de libraire.)

— *Les Romans et le Mariage*, par M. Th. de Ferrière, auteur de *Il Vivere*. Paris, Fournier, libraire, rue
des Petits-Augustins, 26, 1837, in-8, deux volumes.
Impr. de Fournier et Cⁱᵉ.

En parlant de M. Théophile de Ferrière, je veux oublier le diplomate pour ne m'occuper que du littérateur
qui signa, voici bientôt trente ans, des histoires sati-
riques et réjouissantes. La lecture de ses ouvrages
prouve un homme instruit et curieux de tout ce qui in-
téressait son temps : il était orientaliste; il connaissait
l'histoire de la littérature; il parle en connaissance de
cause des divers systèmes humanitaires qui ont fait
bruit au commencement de ce siècle. Son premier livre,
qui est le meilleur des deux, est un recueil de contes
et d'études de différents genres orientaux, antiques, sa-
tiriques, etc., auxquels l'auteur, suivant le goût du
temps, qui voulait en toutes choses un certain art d'ar-

rangement et de décoration, a donné pour cadre et pour lien le testament d'un vieux libraire supposé l'auteur du livre, dont lui, M. de Ferrière, n'aurait été que l'éditeur.

M. Théophile de Ferrière est un e⌐p.ıt du dix-huitième siècle, égaré dans le Romantisme. Il a du siècle de Voltaire et de Sterne, la petite phrase concise, preste et nette, le ton narratif et désintéressé, supprimant les développements et mettant les arguments dans l'action. Il a pris à l'école romantique le soin du détail, un certain goût de relief et de mise en scène, une curiosité universelle que le dernier siècle n'a pas eus.

A ces deux titres, le premier conte du volume, — *Idéolo*, — serait le plus significatif et le plus complet. Ce conte est une satire en action des modes littéraires, philosophiques et artistiques de vers 1832. C'est encore une fois le jeune-France berné et caricaturé, mais par d'autres moyens que ceux que Théophile Gautier avait pris dans ses *Contes goguenards*. C'est Carle Vernet après Jordaens; le trait indicatif après la pochade; après le rire, le sourire. Idéolo, le héros du conte, est un badaud d'idées, qui se comporte dans la vie comme un flâneur dans une foire, s'arrêtant devant les tréteaux, écoutant le boniment et la fanfare sans jamais entrer dans la baraque. L'auteur, c'est-à-dire Samuel Bach, nous le présente comme un enfant de Paris, un fils de petit bourgeois, dépravé par l'éducation universitaire. « Au collége, on lui dit que c'était toute la vie d'être le

premier de sa classe et d'avoir des prix : on lui dit de
bien grossir sa petite tête, et il la fit bien grosse.» Voilà
donc le petit bourgeois Idéolo lancé à travers le monde,
avec la résolution d'avoir le prix à toutes les courses et
d'être le lion de toutes les modes. Il est successivement
dandy, poète, dilettante, Byronien, Pantagruéliste,
roué, bousingot, conspirateur, Hegelien et philosophe
humanitaire, et finit, après avoir mangé son bien, reçu
une blessure en duel et des coups de fusil dans les
émeutes, par entrer aux appointements de deux cents
francs par mois dans la rédaction d'un journal quel-
conque.

Le conte est joli, vif, amusant et mérite de rester
comme une chronique, ou plutôt comme une amusante
caricature des modes du temps. Comme je l'ai dit,
M. Théophile de Ferrière se garde avec soin des consi-
dérations, des aperçus, de tout ce qui pourrait ralentir
la narration. C'est le plus souvent un détail de costume,
une forme de langage qui indiquent les transformations
du personnage. Par exemple, Idéolo vient de clore son
existence de dandy et de séducteur par deux ou trois
échecs ridicules : une marquise l'a mise à la porte ; une
duchesse a pris un amant sous son nez; une comtesse
l'a fait battre en duel par son frère :

« — *O Lara,* dit-il, *ô Conrad! ô Zaffie ! je vous com-
prends, mes amis, et je suis des vôtres. Le monde est
infâme, hideux, abominable ! c'est une Sodome, une
Gomorrhe, une Babylone... ô Byron!...* Idéolo bou-

tonna son habit, fit tomber ses moustaches sur ses
lèvres, mit des bottes et un pantalon large, enfonça son
chapeau sur ses yeux, prit une canne dans une main,
un cigare dans l'autre, et entra dans sa nouvelle vie d'un
air sombre et déterminé. »

Lorsqu'un mois plus tard Idéolo, revenu des femmes
et du misanthropisme, entra dans le cabinet de lecture
de Samuel Bach, « il avait les cheveux longs et bouclés
sur les épaules, un gilet à la Robespierre, une redingote
bleue, un pantalon bleu, un gourdin à la main et un
chapeau à larges bords sur la tête. — *Citoyen Samuel
Bach*, dit-il, *salut et fraternité ! Le monde marche; le
monde est en progrès, le monde s'achemine vers la
république. L'avenir du monde est républicain !* etc. »
Le sens général du conte était assez clair pour que l'auteur pût se dispenser d'y coudre, sous forme de *post-
scriptum*, une moralité, courte, à la vérité, mais con-
tradictoire à son système : *C'est un grand malheur
pour l'homme, quand son imagination a détrôné son
cœur...* etc., etc. C'est nous montrer le lumignon après
la lanterne magique. — Le second conte, *Lord Chatterton,* est un chapitre ajouté à la célèbre nouvelle
d'Alfred de Vigny. Chatterton n'est pas mort : la vio-
lence même du poison l'a sauvé. Une jeune et belle et
riche lady s'est éprise de lui, et l'épouse. Le voilà grand
seigneur, membre du haut parlement, millionnaire; il
ne sera plus à la solde des libraires ; il pourra désormais
attendre la gloire de pied ferme et à loisir. Mais le

monde qui l'a adopté, le monde où son double roman
de suicide manqué et de noces illustres l'a mis à la mode,
le poursuit de la ville à son château, et de son château
en Italie, où il était allé chercher un peu de solitude et
de silence pour le travail. On lui démontre que son
rang et sa fortune ne lui permettent pas de s'isoler de la
société, qui le réclame. Chatterton résiste quelque temps
et finit par se plaire à ces petits succès de chaque jour,
à cette gloire en monnaie qu'il récolte dans les raoûts,
dans les conversations, aux courses et dans les parties
de chasse. Il passe homme de salon, homme à la mode,
dandy, lion ; et quand le poëme de la *Bataille de Has-
tings* est enfin achevé, ce poëme, le rêve et l'ambition
de toute sa vie, il le sacrifie à la peur d'un scandale. Il
avait été convenu, dès la première lecture qu'il en fit,
« que Guillaume ressemblait à lord Stradford, Harold
à lord Mindless, la reine Hedwige à lady Sainclair, la
sorcière Ethelrude à lady Pembroke ; et que lord Chatterton avait tout bonnement versifié les mille et un on
dit des raouts. »

Le poëte Chatterton jette son manuscrit au feu. Il
finit vieux courtisan, vieux *beau,* douillet, coquet, tendre à lui-même, payant la taxe des pauvres, et dur aux
poëtes.

La moralité, qu'on veut bien cette fois se contenter
d'indiquer dans la préface, est *que les jouissances du
luxe étouffent le génie.*

L'Histoire de Galyot est un récit légèrement teinté

de fantaisisme allemand, qui rappellent certaines plaisanteries frénétiques de Jean Paul Richler et de Hoffmann. C'est le récit des infortunes d'un pauvre brave homme marié à une furie, à une stryge exaspérée et hystérique, qui l'oblige à venir habiter un vieux château en ruines, où elle se promène la nuit, vêtue de blanc, dans les ténèbres, et d'où elle s'échappe le matin pour aller galopper, frémissante et échevelée, sur des chevaux noirs comme l'Erèbe. Sanglots, extases, délires, sommeils cataleptiques, longs oublis sur les lacs et dans les fourrés, chansons hurlées dans la nuit, tels sont les événements dont se compose la vie de ce bon-homme, qui supporte tout dans l'espoir que la chambre conjugale, restée pour lui la chambre nuptiale, s'ouvrira un jour ou l'autre à sa soumission. Deux autres contes, d'un genre tout différent, complètent le volume : *Héliogabale,* étude sur la mystagogie antique ; et *Kam-Rup,* pastiche des poëmes hindoustaniques de Tahcin-Uddin, que venait de traduire M. Garcin de Tassy, et où l'auteur a su conserver le brillant et la délicatesse des compositions orientales.

Le second ouvrage de M. Théophile de Ferrière, *les Romans et le Mariage,* est le développement en deux volumes (la plus grande proportion du roman en ce temps-là) de l'idée concentrée dans *Idéolo* et dans *l'Histoire de Galyot.* Seulement, comme il arrive souvent, la grande toile ne vaut pas le tableau de chevalet. Le sujet, heureux pour un conte, devait perdre à être

développé. *Idéolo* est un conte amusant, surtout parce
qu'il est vif, court, et qu'il n'a que la prétention d'une
caricature : c'était une moquerie de bonne guerre et de
bon aloi. Le roman qui dogmatise devait passer, en
1837, pour une œuvre de réaction contre des idées et
des doctrines qui n'avaient rien de ridicule que dans les
exagérations des simples et des conscrits. L'auteur ne
se réduit plus à faire rire aux dépens des extravagants,
des sots ou des singes. Il fait une charge à fond de train
contre la poésie, les poëtes et les artistes, en l'honneur
des vertus sociales et domestiques. Le personnage im-
portant du livre, — le héros, — celui qui tourne la tête
à toutes les femmes et trouble tous les ménages, se
trouve être à la fin un pauvre fou, neveu d'un curé de
campagne, un clerc d'huissier qui s'est brouillé l'esprit
à lire des romans. Donnée banale, vulgaire et qui devait
perdre tout intérêt à sortir des proportions d'une anecdote. Le premier volume est néanmoins curieux à lire,
comme une chronique assez fidèle des occupations, des
goûts et des affectations de langage de la bonne compagnie
entre 1828 et 1835 : raouts, bals historiques, lectures, thés
esthétiques, punchs humanitaires. L'argot symbolique
et apocalyptique des faiseurs de système social, le bagout
éthéréen des bas-bleus et des lakistes s'y retrouvent con-
servés entre deux feuillets comme de vieilles fleurs. Certains types comiques, sans jamais tomber dans la
charge, sont très-vivants, entre autres celui d'une femme
émancipée et philosophe, madame *Clara Mondésir*, espèce de tricoteuse sentimentale.

Le roman est précédé d'une assez longue étude sur la condition des femmes aux différents siècles et sur leur rôle en littérature, soutenue d'amples citations d'Homère, Euripide, Plutarque, Aristote, Ennius, Plaute, Ulpien, Jehan de Meung, de Lorris, Jean Molinet, Matheolus, Martin Franc, *le Champion des dames*, Rabelais, Montaigne, Molière, J.-J. Rousseau, etc., etc. ; c'est un morceau de critique très-intéressant et très-agréable. En somme, M. Théophile de Ferrière est un écrivain élégant, fin, spirituel, lettré, qu'il serait injuste de séparer du groupe aux côtés duquel il a marché. Quoique rétractile et même hostile, sur certains points, aux idées qui alors entraînaient tout le monde ; quoiqu'il se raille volontiers de la couleur locale et de la manie du pittoresque, il a cependant, et par la force des choses, assez emprunté au mouvement de son époque pour devoir lui appartenir et être réclamé par lui. Heureux temps ! où tout homme de bonne volonté trouvait dans l'assentiment général un encouragement et une incitation à ce travail de perfection qui seul donne la durée aux œuvres. Les *Contes de Samuel Bach* méritent d'être lus après les *Consultations du Docteur Noir*, qu'ils contredisent, mais sans les infirmer. Ils peuvent prendre place entre les *Jeune-France* et la *Bohême Galante*. C'est un livre.

APPENDICE

—

(a) LOUIS BERTRAND (page 46.)

Nous n'avons pas cru devoir rapporter dans la note
relative à Louis Bertrand les faits biographiques con-
signés dans la Notice de M. Sainte-Beuve, laquelle se
retrouve d'ailleurs réimprimée au tome II des *Portraits
littéraires*. Nous donnons seulement ici, à titre de pièce
rare et curieuse, la lettre de David (d'Angers), où sont
racontés les derniers moments de l'auteur de *Gaspard
de la Nuit*. Cette lettre a été publiée dans la *Revue du
Maine et de l'Anjou*, tome Ier, pages 44 et suivantes,
en 1857, un an après la mort du célèbre sculpteur. On
verra dans l'*en-tête* signé V. P. (Victor Pavie), quels
motifs ont fait longtemps différer la publication de cette
lettre et quels motifs l'ont enfin autorisée.

*Lettre de David d'Angers à Sainte-Beuve sur la mort
de Louis Bertrand.*

Pendant l'hiver de 1829, un jeune homme apparut,
sous les auspices du peintre Boulanger, à ce foyer de
l'arsenal dont la famille Nodier faisait si hospitalière-

12.

ment les honneurs. Ses allures gauches, sa mise incor-
recte et naïve, son défaut d'équilibre et d'aplomb, tra-
hissait l'échappé de province. On devinait le poëte au
feu mal contenu de ses regards errants et timides. Son
nom était Louis ou plutôt Aloysius Bertrand, selon les
hahitudes de renaissance gothique d'alors. Sans aller
jusqu'à dire qu'il était Lorrain par son père, Italien par
sa mère, Piémontais par son berceau, il suffisait de
l'entendre pour affirmer à tout le moins que la Bour-
gogne était sa patrie adoptive. Quant à l'expression de
sa physionomie où je ne sais quel dillettantisme exalté
se combinait avec une taciturnité un peu sauvage, il
n'était que trop facile d'y reconnaître une de ces victimes de l'idéal et du caprice qui, chassées du terroir par
les incompatibilités de race, s'en vont chercher fortune
ou misère à Paris.

On lisait ce soir-là. Quand arriva son tour, il tira de
sa poche et lut, moins qu'il ne récita, une manière de
ballade, dans le goût pittoresque de l'école, ciselée
comme une coupe, coloriée comme un vitrail, dont les
rimes tintaient comme les notes d'un carillon de Bruges.
Ceux qui survirent n'ont pas oublié, après trente ans,
l'effet que produisit sous les chevrotements de sa voix
grêle le retour périodique de ces deux vers :

> ... L'on entendait le soir sonner les cloches
> Du gothique couvent de Saint-Pierre de Loches.

Sa leçon débitée, il se dissimula tout honteux dans
l'embrasure d'une fenêtre où Sainte-Beuve le recueillit
et le *détermina*.

Nodier ne le revit plus; Boulanger pas davantage.
Des mois se passent. Un matin d'été, on frappe à la
porte de Sainte-Beuve ; entre Bertrand avec sept cahiers
sous le bras. C'est ainsi que la Sybille dut se présenter
chez Tarquin. L'aspect du manuscrit qu'il déposa sur
la table ne démentait en rien cette impression, il était
rehaussé de rubriques rouges et bleues, illustré de let-
trines avec des figures cabalistiques sur les marges, et
portant pour titre : *Gaspard de la Nuit, fantaisies à
la manière de Rembrandt et de Callot* ; ce n'était plus
des vers, mais de petites pièces en prose, divisées en
sept livres, avec des alinéas par strophes, où le rythme
de la période et l'harmonieux enchevêtrement des mots
suppléaient par delà au mètre et à la rime. A peine le
critique absorbé quelques minutes dans ce monde de
prestiges, d'évocation et de chimères en eût-il aspiré les
premières vapeurs, qu'enivré et ravi, il releva la tête...
Mais l'auteur avait disparu.

A quelques jours delà, nous montions, David et nous,
l'escalier de Sainte-Beuve. Les feuillets de Gaspard
étaient disséminés sur la table et sur la cheminée.
« Écoutez bien », dit-il, il nous lut le *Maçon, Harlem,
la Viole de Gamba, Padre Pugnaccio, l'Alchimiste*.
Nous sortîmes de chez lui avec des bluettes sur les yeux.

De ce moment, Louis Bertrand, au plutôt *le Maçon*,
car c'est du nom de cette pièce la plus caractéristique
de toutes, qu'il se plaisait à l'appeler, fut pour David
l'objet d'une recherche assidue. Il voulait le connaître, et ce qu'il soupçonnait de la situation précaire de

l'inapplicable songeur, n'était pas de nature à refroidir ses sollicitudes, « Et le Maçon ? » demandait-il à Boulanger, à Nodier, à Sainte-Beuve, ces patrons désertés tour à tour, moins par ingratitudes hélas ! que par pudeur « qu'en faites-vous ? où est-il ? A quand la publication de son livre ? »

Enfin il le trouva. La lettre à Sainte-Beuve nous apprend l'étrange et imprévue rencontre chez Renduel devenu le propriétaire, à maigres deniers du volume. Renduel rêvait alors (et qui ne rêvait en ce temps là.) d'une édition de luxe avec vignettes, culs de lampes arabesques, etc. Il est vrai que pour un libraire rêver, c'est dormir. Le temps marchait ; Juillet avait sévi ; l'idéal pâlissait devant les splendeurs de la Bourse, l'éditeur rêvait toujours. Bref douze années se passèrent de luttes, de mécomptes, de voyages à Dijon, de retour à Paris, d'éblouissements, réels ceux-là, la faim les causait jusqu'à la crise suprême dont la lettre à Sainte-Beuve, résume si pathétiquement les phases.

Une lugubre coïncidence nous fit arriver à Paris le jour même de l'enterrement de Bertrand. Nous entrions chez David, sous le coup du violent orage qui mêla ses terreurs aux désolations de la mort. Il rentra peu après de son côté, le corps brisé, l'âme meurtrie, et nous raconta ses impressions d'une façon plus poignante encore que la lettre.

« Eh bien donc, que la mort toute cruelle qu'elle soit, lui soit meilleure que la vie. Tirons *Gaspard* de cette fosse où ils ont descendu Bertrand » — Nous convînmes d'exaucer le vœu du pauvre Aloysius en imprimant son œuvre sur sa tombe.

On retrouva le manuscrit sous une couche de romans, de poèmes et de drames accumulés dans la période de 1839 à 1841, David le racheta. Nous l'éditâmes sans vignettes, sans culs de lampes, sans luxe aucun, mais sans délai. Une notice de Sainte-Beuve remplaça la fantasmagorie de Renduel. Inutile d'ajouter que l'œuvre de Bertrand n'a rien perdu de son mystère en passant par la presse. Il s'en plaça au moins, tant donnés que vendus, vingt exemplaires. C'est un des beaux échecs dont les annales de la librairie, fassent mentions, échec prévu ; ce *Gaspard de la nuit* n'était pas né pour la lumière. N'importe ! avec un tel artiste pour patron, et pour caution un tel critique, il pouvait se passer de lecteurs comme d'acheteurs. Que ce soit sa consolation comme la nôtre.

C'est à l'occasion de la notice de Sainte-Beuve que la lettre de David fut écrite. La rupture du silence instamment recommandé par lui, s'explique moins encore par l'effet des circonstances actuelles que par une autorisation expresse à cet égard. La bonne action de David — *œre perennius* — ne pouvait se trahir plus à point qu'à l'heure même de la publication de son œuvre.

V. P.

« La veille de la mort de Bertrand, (1) j'ai passé plusieurs heures près de son lit ; ses yeux, quoique

_____

(1) Il mourut dans les premiers jours de mai 1841.

brillant encore, ne distinguaient plus les objets qu'avec difficulté ; il cherchait à rassembler ses idées qu'il exprimait par des phrases fiévreuses et inachevées. Votre nom, mon cher Sainte-Beuve, était souvent prononcé par lui ; il disait « puisque vous tenez tous à ce que mon *Gaspard de la Nuit* soit imprimé, tâchez de la retirer des mains de Renduel ; mais hélas j'ai bien des choses à y retoucher.... je ferai cela quand je pourrai me lever ; ce qui ne sera pas long je l'espère. Dans tous les cas, quelques mots de Sainte-Beuve, en tête de mon ouvrage auront sur son succès une grande influence, » il voulait dire d'autres choses : mais de pénibles idées semblaient retenir ses paroles sur ses lèvres mourantes ; ensuite il me disait : « Parlez-moi, car je ne vous vois plus. »

« Vers neuf heures, le lendemain matin, je me présentai à l'hospice Necker ; « il est inutile d'aller plus loin, monsieur, me dit le portier, le n° 6. vient de mourir. » Déjà son corps avait été transporté dans l'ensevelissoire. Je demandai au garçon de salle de m'y conduire ; il souleva la toile grossière qui recouvrait le corps décharné du poëte ; ses yeux, naguère étincellant de génie, où se reflétaient avec tant de puissance les vagues effets du ciel et les fantastiques créations du monde, étaient caves et ternes ; l'intelligence qui revêtait tous les objets d'une forme si neuve, si originale, qui eut interprêté encore poétiquement la nature, si le malheur n'eut submergé cette pauvre barque errante et disjointe dont la seule ancre était une pauvre vieille mère, maintenant repliée sur son désespoir et égarée sur cette terre, ne les animait plus.

«Quelques heures à peine se sont écoulées depuis que l'âme a quitté, pour un meilleur séjour, sa frêle enveloppe, et ses poings restaient encore contractés, la tête était levée vers le ciel, sa bouche ouverte, comme si son dernier soupir eût été un blasphème contre le sort, une énergique protestation contre le malheur.

« Je détachai une petite médaille en cuivre qu'une sœur de l'hospice lui avait passée au cou depuis plusieurs jours, et qui désormais ne quittera plus la poitrine décharnée qui l'allaita; je coupai de ses beaux cheveux noirs; je lui fis ensuite couvrir la tête d'un de mes bonnets, et ensevelir le corps dans un drap. J'éprouvai un sentiment de douce mélancolie quand je le vis si bien enveloppé dans ce linge blanc et portant par hasard mon chiffre sur cette poitrine dans laquelle avait battu un si noble cœur; j'étais soulagé de penser que la rude serpillière du n° 6 n'imprimerait plus sa trame sur sa chair.

«Le lendemain, je fis placer dans le cercueil ces vestiges humains qui sont aussi le cercueil de l'âme sur cette terre, et chaque coup du fatal marteau retentissait en écho douloureux dans mon cœur. Quelques clous, quatre faibles planches mal jointes suffisent pour ce dernier acte qui doit cacher à la lumière ce monde sublime devenu désormais inutile. Les garçons de salle transportèrent le léger fardeau à la chapelle; il fallut traverser les cours où se trainaient les convalescents; les uns regardaient d'un air hébété, d'autres avec insouciance, d'autres enfin riaient de ce rire infernal des naufragés sur un radeau. L'hôpital est bien le séjour où l'égoïsme se montre dans toute sa laideur ; cependant, j'ai vu avec reconnaissance une jeune fille émue à la vue de ce cercueil sans drap mortuaire, nu comme les inflexibles murs d'un cachot, et quelques vieilles femmes faisant un signe de croix.

« L'orage, qui grondait sourdement pendant ce triste trajet, fit entendre, à notre arrivée à la chapelle, son énergique et sombre rumeur. Le prêtre, assisté d'un servant, dit l'office des morts devant moi, seul représentant de la famille du pauvre abandonné des hommes. Pendant cette cérémonie, des éclairs ne cessèrent de déchirer le ciel et d'illuminer les saints de la chapelle d'une lumière blafarde. Le prêtre partit ; je restai seul dans l'église, attendant pendant plus de trois-quarts d'heure l'arrivée du corbillard ; le tonnerre hurlait violemment, et moi, gardien des restes inanimés, mais éloquents du pauvre Bertrand, je sentais remuer au fond de mon âme un monde de sensations impossibles à décrire. — Quelques visages, rongés par la maladie, paraissaient par intervalle à l'ouverture de la porte ; au fond de la chapelle une sœur de l'hospice décorait un hôtel de guirlandes pour la fête du lendemain.

« Le corbillard arriva enfin ; nous sortîmes de l'hospice pour nous rendre au cimetière de Vaugirard ; la pluie tombait alors par torrents ; le char poursuivait sa route funèbre ; nous étions seuls, la mort et moi, car l'orage avait chassé tous les promeneurs, et d'ailleurs qui pouvait deviner que ces restes étaient ceux d'une intelligence élevée? il n'y avait ni chevaux caparaçonnés, ni char décoré de riches emblêmes d'un pouvoir éteint par la mort, ni de longues files de voitures armoiriées, ni de compagnies de soldats avec armes baissées, mais le corbillard des pauvres suivi d'un homme inconnu.

« Le coup de sifflet du portier du cimetière annonça l'arrivée d'un nouvel hôte dans la demeure de l'oubli; deux hommes prirent le cercueil, et le confièrent à l'une de ces bouches altérées et béantes toujours prêtes à engloutir indistinctement le crime, la vertu, le génie et l'ignorance stupide. La terre résonna sourdement sur les planches caverneuses, et lorsqu'elle se fut élevée en monticule, et ne parut plus qu'une cicatrice, j'adressai un dernier adieu à la triste relique. Je fis planter une croix, portant pour inscription un nom qui sans doute fût devenu populaire, si les hommes, moins absorbés dans leur égoïsme se fussent préoccupés de soutenir le génie étouffé trop souvent par l'envie et l'indifférence.

« Ce triste et prématuré débris d'un être si noblement doué, me rappelait ces beaux navires étouffés dans les glaces des mers du Nord, et dont l'existence se révèle quelquefois longtemps après leur perte, par les feuillets d'un journal de bord recueillis par hasard sur une plage déserte. Ainsi les pensées échappées à la plume de notre pauvre poëte, vont, grâce à vous, être conservées à la mémoire des hommes.

« Lorsque tout fut terminé, la pluie cessa, le soleil reparut et les oiseaux insouciants, qui jouissent de tant de liberté dans ces bosquets de la mort, recommencèrent leurs chants.

« Chaque grande catastrophe qui s'adresse directement au cœur de l'homme, rompt l'un des liens qui l'attachait au rivage éblouissant et mensonger de l'existence. Ainsi se brisent successivement les chaînes qui nous cramponnaient à la vie ; un dernier, un dernier fil se brise, et l'ancre va pourrir dans la terre.

« Comme les amis en sortant d'un banquet vont se conduire, le dernier qui regagne sa triste demeure, jette un regard mélancolique sur la fleur déjà fanée du bouquet ; ainsi la petite branche que nous emportâmes du cyprès planté sur le tombeau de l'un de nos amis, déjà fanée à notre entrée au logis, ne reverdira plus que sur notre tombe !....

« Ma liaison intime avec Bertrand date de son entrée à l'hospice Necker ; là, pendant près de six semaines, presque tous les jours j'ai recueilli dans mon cœur sa fiévreuse conversation. C'est, il y a déjà longtemps, dans votre petite chambre de la rue Notre-Dame-des-Champs que nous fûmes, Victor Pavie et moi, initié à quelques-unes de ses productions. Vous m'aviez inspiré une juste estime pour ce jeune talent ; aussi, dès le lendemain, j'étais chez lui, mais je n'y trouvai que sa vieille mère. Quelques années après, je causais chez Renduel, et avec lui, de mon admiration pour Bertrand. Il était là, et je l'ignorais, il avait pu juger de la haute estime qu'il m'inspirait ; il se fit connaître à moi avec timidité. La seconde entrevue se passa chez moi ; il venait dans une circonstance désastreuse faire appel à mon cœur ; je ne l'ai plus revu que sur son lit de mort.

« Il passa l'année dernière huit mois à l'hospice de la Pitié ; j'y allais souvent visiter un jeune sculpteur, Bertrand me reconnut de son lit ; mais il se couvrit la tête de son drap, craignant, m'avoua-t-il depuis, que je ne le visse à l'hôpital. Combien je regrette ce sentiment d'orgueil, alors peut-être j'aurai pu le sauver !

« Si vous parlez de sa mort ne me nommez pas, je vous en supplie, vous me rendrez un réel service d'ami ; accédez à ma prière.

« En écrivant une notice sur ce malheureux jeune homme, vous accomplirez, mon ami, un saint devoir ; vous lui consacrerez un monument honorable et éternel. C'est une noble compensation à sa douloureuse existence, il a tant souffert pendant sa courte apparition sur ce triste théâtre de la vie. Vous le dédommagerez réellement ; car, en enchâssant ce diamant dans un travail précieux, vous ferez comprendre aux hommes toute sa valeur, puisqu'il s'est attiré votre attention.

« Croyez que je vous en suis reconnaissant du plus profond de mon cœur. »

« David. »

(b). EUGÈNE HUGO.

Nous avons renvoyé ici pour ne pas multiplier outre mesure les citations dans ce trop long chapitre des *Annales domestiques*, les deux pièces suivantes de Eugène Hugo, que l'extrême rareté du *Conservateur littéraire* où elles ont paru pour la première fois, et de ce premier volume des *Annales* qui les a reproduites, a rendues presque introuvables. — On a vu que la première de ces deux pièces le *Duel du Précipice* se retrouve une seconde fois dans les *Annales* (1831) et cette fois signée du nom de son auteur.

LE DUEL DU PRÉCIPICE.
Poësie Erse (1).

Je t'atteindrai, je te frapperai de mon épée, et ton crâne me servira dans mes festins, dit le Danois.

Mes chiens ont faim, répondit le Saxon; ils demandent du sang, et ce ne sera pas la première fois que mes chiens auront été servis avant les fils de tes aïeux.

(1) Ce morceau est traduit d'un ouvrage peu connu en France, publié à Stockholm en 1805 par le savant professeur M. Merner, et intitulé : Esquisitiones philisophiçæ.

Il dit, et il ricane comme un corbeau qui croasse à l'aspect d'un cadavre. Attends-moi seulement, dit le Danois; et il parcourt le bord de l'abîme, cherchant un passage. La place où je t'attends, tu y attendras les vautours, répond le Saxon, toujours immobile et debout dans ses armes.

Mais l'abîme qui les sépare est large et profond; il est semé de rochers, et un torrent roule au fond comme un tonnerre. C'est en vain que le Danois cherche un passage: il rugit de fureur. Cependant, à l'aspect du combat des deux barbares, les armées s'arrêtent, les trompettes font silence; les coursiers frappaient du pied la terre, et le sang ruisselait le long des piques.

Un sapin était là, un vieux sapin qui avait été abattu par les tempêtes. Les esprits de la nuit l'avaient roulé du haut de la montagne, afin qu'il descendît vers les mers, et qu'il conduisît dans les contrées voisines les héros, leurs enfans; mais le sapin s'était arrêté sur le bord de l'abîme, sachant qu'il ne verrait jamais de combat plus terrible que celui dont il allait être témoin.

Le Danois s'avance rapidement plié sous l'horrible fardeau; le Saxon, son glaive nu à la main, se tient prêt à s'élancer sur le pont que son ennemi lui prépare. Tout à coup le Danois s'arrête, et le sapin tombe en retentissant sur les deux bords.

Ils se sont rencontrés au milieu du pont fragile; ils se sont saisis; ils se tiennent, ils se pressent, pied contre pied, poitrine contre poitrine; tous les deux ils veulent s'enlever et se précipiter dans le gouffre; tous les deux ils sont immobiles : on dirait qu'ils ne combattent que des yeux.

Tout-à-coup un cri se fait entendre, un cri terrible. Le Saxon a enlevé son ennemi ; il le tient entre ses bras au-dessus de sa tête ; il le balance en rugissant de triomphe ; il va le lancer dans le précipice.

Alors on vit les bergers, qui s'étaient enfuis par crainte de la bataille, s'avancer sur le haut des rochers ; on entendit les loups hurler dans la solitude des forêts, et l'on aperçut distinctement dans les airs les fantômes emportés par les vents qui se penchaient sur le bord des nuages.

Mais le Danois d'une main a saisi son vainqueur par sa rouge chevelure ; de l'autre il le frappe au visage de son poignard. Les cris de joie se changent en cris de détresse. La tête du Saxon se rejette en arrière ; il chancelle, le pied lui manque ; ils vont tomber.

Epargne-moi, crie-t-il au vaincu. Regagne la terre répond le Danois. Et le Saxon s'avance, aveuglé par le sang ; il marche à pas lents suspendu sur l'abîme, tenant toujours entre ses bras son ennemi qui le guide.

Enfin il a franchi l'abîme ; il a mis le pied sur la terre, ils sont sauvés. Tout-à-coup, emporté par la douleur, il se retourne et veut lancer son ennemi dans le gouffre. Meurs, s'écrie le Danois. Il le frappe ; le Saxon frappé chancelle ; il tombe et il entraîne le Danois avec lui.

Ils roulent, ils roulent de roc en roc. Bardes, chefs, soldats, tout est accouru sur le bord du précipice. On les voit se saisir, se frapper, se combattre encore. Tout à coup ils arrivent à un endroit où le roc est à pic, ils disparaissent, et on entend leurs corps se briser sur un rocher qui s'avance en esplanade au-dessus du tor- rent.

Ils restent quelque temps sans mouvement: peu à peu on voit les cadavres se ranimer et se chercher encore à coups de poignard. Arrêtez! criaient les Sénécions, les Sénécions dont l'aspect doit être assez puissant pour faire rentrer au fourreau les glaives déjà tirés; vaines clameurs! ils se relèvent, ils se frappent, ils se roulent. Tout-à-coup, chose horrible! un ours énorme sort de dessous les glaces, il se jette sur les deux guerriers, et, aux cris de toute l'armée, il les entraîne en rugissant dans sa caverne.

LA BATAILLE DE DENAIN.

Dulce decorum est pro patria mori.

Hor.

Vous qui triomphez de vos frères,
Mortels, montrez-vous généreux;
N'insultez pas à leurs misères,
Et tremblez plutôt d'être heureux.
Songez qu'il suffit d'un outrage
Pour rendre un reste de courage
A l'orgueil qui vit dans leurs cœurs;
Souvent le lion se relève
Terrible, au dernier coup du glaive,
Et vient terrasser ses vainqueurs.

Pourquoi, monarques de la terre,
Pourquoi ces nombreux étendards?

Pourquoi cet appareil de guerre,
Et ces coursiers traînant des chars?
Où vont, à travers la poussière,
Au bruit d'une marche guerrière,
Ces bataillons audacieux
Pareils aux troupeaux dans les plaines
Qui, venant des terres lointaines,
Chassent les sables jusqu'aux cieux?

Ils ont dit dans leur espérance :
Punissons d'orgueilleux succès.
Rendons à la superbe France
Les maux que ses fils nous ont faits.
Déjà leurs phalanges sont prêtes
A venger sur nous ces conquêtes
Dont ils gardent le souvenir;
Prompts à commettre en leur victoire
Ces mêmes crimes de la gloire
Que le ciel leur donne à punir.

Que fera donc ce vieux monarque
Qui règne au trône des Français,
Et qui, menacé par la Parque,
L'est plus encor par leurs succès ?
La faim dévaste ses provinces,
Le trépas a frappé ses princes
Au sein des peuples effrayés.
Faudra-t-il donc qu'il s'humilie
Et qu'en sa vieillesse il supplie
Ceux qu'il vit jadis à ses pieds?

Hochstedt en ses marais célèbres
Avait vu périr nos soldats;
Ramillie en ses champs funèbres
Les voit se rendre sans combats;
En vain, respirant la vengeance,
Villars à Malplaquet s'avance;
Nos jours de gloire n'étaient plus
Et nos soldats, pleurant de rage,
Dans cette plaine de carnage
Enterraient leurs drapeaux vaincus.

Respectons le destin terrible
D'un roi qui prie en s'abaissant
Dieu seul, mortels, est invincible,
Ce Dieu qui seul est tout puissant.
Il est beau, quand le sort nous dompte,
De savoir accepter sa honte,
Pour sauver un peuple abattu.
Avoir vaincu c'était la gloire;
Mais savoir céder la victoire
Mortels, c'est plus, c'est la vertu!

Mais l'étranger plein d'arrogance
Croyant à des succès certains,
Oubliait, dans son insolence,
L'instabilité des destins.
Il n'accordait à nos prières
Qu'une de ces paix meurtrières,
Honte et ruine des états.
Et dans cet accord téméraire

Louis trouvait toujours la guerre
Et l'honneur ne s'y trouvait pas.

Partez, Villars ! allez combattre
Et, s'il le faut, allez mourir!
Nous, si le ciel veut nous abattre
Sur vos pas nous irons périr.
Oui, si le sort vous est rebelle.
Moi-même, à mon peuple fidèle,
Je veux annoncer leurs projets,
Afin qu'à ma voix tout s'assemble,
Et que du moins tombent ensemble
Le roi, le trône et les sujets.

O vous que la France contemple
Comme ses maîtres glorieux,
Rois, que ce mémorable exemple
Soit toujours présent à vos yeux !
Quelque danger qui les menace,
Les Français peuvent sans audace
Ne point abaisser leurs drapeaux,
O nos Rois acceptez la guerre
Vous frapperez du pied la terre
Il en sortira des héros!

Pourtant l'armée imprévoyante
De ces vainqueurs audacieux,
Dormait dans sa joie imprudente
Sous ses drapeaux victorieux.
Oubliant que dans sa colère,
Le ciel, ou propice ou sévère,

Fait seul les combats malheureux,
Les insensés, dans leur démence,
Méprisienta ces fils de la France
Qu'ils supposaient vaincus par eux.

Soudain les trompettes sonnantes
Ont retenti de toutes parts,
Et par cent bouches foudroyantes
Leur camp voit battre ses remparts;
Bientôt à travers la fumée
S'avance à grands pas notre armée
En poussant des cris de courroux.
Français ! voici le jour de gloire !
Osons essayer la victoire
Marchons, et le camp est à nous!

Albemarle, qui s'épouvante
Au sein de ses murs foudroyés,
Ranime en vain l'ardeur tremblante
De ses bataillons effrayés.
Partout Villars, dans la tempête,
Calme et terrible à notre tête
Dirige avec art le danger.
Tremblez, Germains ! il faut se rendre
Vaincus, cessez de vous défendre,
C'est au salut qu'il faut songer !

En vain Eugène plein de rage
Accourt pour sauver ses soldats ;
En vain il tente le passage
Du fleuve ouvert devant ses pas.

Il voit, enchaîné sur les rives,
Se rendre ses troupes craintives
Que nul art ne peut protéger,
Et remporte dans sa retraite
L'affront d'avoir vu la défaite,
Sans pouvoir même la venger.

Tout demeure en notre puissance,
Armes, chefs, soldats et drapeaux ;
Nous retrouvons cette espérance
Qui parmi nous fait les héros.
Bientôt nos villes prisonnières
Relèvent leurs blanches bannières,
Libres enfin par ce succès.
Et les sauveurs de nos murailles,
Vainqueurs sur le champ des batailles,
S'arrêtent en criant : La paix !

Au bruit de ce coup de tonnerre,
Qui jusqu'à Vienne a retenti,
Le monde étonné considère
Le roi qu'il crut anéanti.
Louis, content de sa vengeance,
Consulte les maux de la France,
Sans chercher de succès plus grands :
Et, redevenu formidable,
Il signe une paix honorable
Conquise sur les conquérans.

Honneur à toi, monarque illustre,
Qui par un titre glorieux,

Sut ajouter un nouveau lustre
Au noble nom de tes aïeux.
La postérité qui t'admire,
Aux jours brillans de ton empire,
Fixera longtemps ses regards,
Car toute grandeur te fut chère,
Et sous les lauriers de la guerre
Tu fis croître ceux des beaux-arts.

Qu'importe qu'aujourd'hui l'envie,
T'accusant de vaines hauteurs,
Cherche à flétrir ta noble vie
Par ses cris calomniateurs !
La calomnie et les outrages
Sont les plus nobles témoignages
Qu'un héros conquiert ici-bas.
Sur la terre où le ciel l'exile,
Sa tâche serait trop facile
Si les mortels n'étaient ingrats

Aristide était grand peut-être,
Il fut puni de ses vertus ;
On vit Socrate comparaître
Devant les bourreaux d'Anitus.
Quand lui-même, un Dieu tutélaire
Voulut descendre sur la terre
Pour sauver un monde orgueilleux,
Pour prix de ses leçons divines,
C'est le front couronné d'épines
Qu'il fut renvoyé dans les cieux.

(c) PHILOTHÉE O'NEDDY (page 136).

La publication de cette notice dans un journal nous a valù de la part de l'écrivain qui en est l'objet une très-obligeante lettre et très-instructive qui déjà nous a fourni un renseignement intéressant à l'article de Petrus Borel.

Cette lettre rectifie quelques-uns des détails donnés à la fin de l'article sur la personne et les écrits de l'auteur. Et d'abord c'est bien Philothée O'neddy qui a plus tard signé Théophile Dondey *de Santeny*, surnom ajouté, comme celui de Dupré, au nom de Dondey pour distinguer les fils d'une même famille.

Les ouvrages publiés sous ce dernier nom sont :

— *L'abbé de Saint-Or*, épisode paru en feuilleton dans l'*Estafette* en octobre 1839. « Ce morceau était détaché d'un roman inédit intitulé *Sodome et Solime*, lequel n'est autre que le roman annoncé sur la couverture de *Feu et Flamme*, sous le titre de *Chien et Loup*;

— Le *Lazare de l'amour*, conte publié dans la *Patrie* (fév. 1843 — huit feuilletons);

— *Histoire d'un anneau enchanté, roman de chevalerie*, prose et vers, 1844, collection Boulé. (C'est le même qui se trouve à tort dans notre article mentionné sous le titre de l'*Anneau de Salomon*) ;

M. Théophile Dondey de Santeny a été, en 1843, chargé successivement du compte-rendu des théâtres à la *Patrie* et au *Courrier Français*. « Il a eu par conséquent l'honneur, bien précieux pour lui, de rendre compte de la représentation des *Burgraves*. »

Afin de compléter autant que possible cette physionomie de la littérature et de la librairie d'il y a trente
ans, nous donnons ici la liste, aussi nombreuse que
nos recherches l'ont pu faire, des romans et autres
ouvrages littéraires pour lesquels Tony et Alfred Johannot, Mrs Gigoux et Célestin Nanteuil, les maîtres du
temps, ont dessiné des vignettes et qui ne nous ont pas
fourni le sujet d'articles spéciaux. Il va sans dire que ce
catalogue restreint à un genre particulier — la vignette
de roman — ne saurait avoir et n'a nullement la prétention d'embrasser l'œuvre de ces éminents artistes, et
que ce n'est pas par ignorance que nous omettons, soit
le *Roi de Bohême*, le *Molière* et le *Don Quixote*, soit
le *Gil Blas*, soit la *Jérusalem délivrée*, ou tout autre
ouvrage illustré par ces messieurs à un autre moment,
et dans un autre genre. Nous nous renfermons, nous
ne saurions trop le dire, dans un genre et dans une
époque. Sans prétendre avoir donné une nomenclature
parfaite, nous espérons cependant avoir fort avancé la
tâche de l'historien définitif. Afin de faciliter autant qu'il
était possible cette tâche, nous avons décrit les sujets
les plus remarquables et cité les noms des graveurs,
toutes les fois qu'ils ont signé. Nous avons enfin indi-

qué, autant que nous l'avons pu, les doubles vignettes publiées ou répétées dans les journaux d'art selon l'usage d'alors.

C. A.

TONY JOHANNOT.

1830. — *Souvenirs poëtiques*, par A. de Beauchesne, Delangle, éd. in-octavo, vignette-frontispice gravée par Porret.

— *Le Barbier de Louis XI*, par Cordelier-Delanoue, Mme Béchet, éd., gr. par Cherrier.

— *Le Bonnet vert*, par Méry, librairie centrale de Boulland, in-8º, gr. par Thompson.

— *Les Mauvais garçons*, par Alphonse Royer, Renduel 2 vol. in-8º, deux virgnettes gr. par Porret.

1831. — *Les Intimes*, par Michel Raymond, 2ᵉ édit., Renduel, 2 vol. in-8º, deux vignettes gr. par Andrew.

— *La Peau de chagrin*, roman philosophique, 2 vol. in-8º, Gosselin et Canel, éd., vignettes gr. par Porret (Rafaël chez le marchand de curiosités).

— *Contes philosophiques*, par De Balzac, 3ᵉ édition, 3 vol. in-8º. — *L'Enfant maudit*, vignette sur Chine, gr. par Porret.

— *Le Divorce*, par P. L. Jacob, éd., Renduel, vign. gr. par Porret (répétée dans la *Revue de Paris*).

— *Le Manuscrit vert*, par Drouineau, Gosselin, 2 vol. in-8°, deux vignettes (Chine), gravées par Porret et Cherrier. — Vignette pour la couverture de la *Revue des Deux-Mondes* (année 1831). L'Amérique figurée par une femme nue, ceinte du pagne et chaussée de mocassins, tend l'olivier à l'Europe représentée par femme drapée et appuyée sur une colonne où sont inscrit les noms des grands hommes du monde ancien. A gauche, au fond, un navire à l'ancre.

1832. — *Le Mutilé*, par X. B. Saintine. Ambroise Dupont, vignette-frontispice, gravée par Thompson.

— *La vieille Fronde*, par Henri Martin. Mme Bechet, in-8°, gr. par Cherrier.

— *Nouveaux Contes philosophiques*, 2e édit. Gosselin, vignette gr. par Porret (Maître Cornélius).

— *Le Lit de camp* (par Burat de Gurgy,) 2 vol. in-8, Hipp. Souverain, deux vignettes gr. par Porret et Andrew. — 1° Le duel, très-jolie vignette : une femme habillée en homme tient un pistolet. — 2° Un homme blessé étendu sur un lit d'hôpital, répétée par l'*Artiste*. — Autre vignette gr. par Cherrier, publiée dans la *Caricature* du 9 fév. 1832.

— *L'Ecolier de Cluny*, ou *le Sophisme* (1315), par E. Roger de Beauvois, in-8, H. Fournier, frontispice. — Une femme nue dans un lit s'apprête à pousser le bouton d'un panneau placé au fond de l'alcôve ; un

- jeune homme se jette à bas du lit, un poignard à la
main, pour prévenir l'attaque d'un homme armé qui
s'avance, gr. par Porret, vignette sur le titre : le clo-
cheteur près du cadavre de Jehan (tout à coup il re-
cula.... le cadavre se levait), sujet de la page 184,
Porret, seconde édition (1834) deux vol. in-12, deux
vignettes.

— *Résignée*, par G. Drouineau, Ch. Gosselin, in-8,
deux vignettes gr. par Porret.

— *Sous les Tilleuls*, par Alphonse Karr, Gosselin, in-
8, 2 vol., deux vignettes (Chine), gr. par Porret.

— *La Salamandre*, 2 vignettes, gr. par Andrew et Porret.

— *La Coucaratcha*, 2 v., vignette du tome second, gr.
par Porret (sujet de Crâo), celle du tom. Ier est de H.
Monnier.

— *Saynètes*, par Paul Foucher, in-8, vignette-frontis-
pice, gr. par Porret. Sujet de la première Saynète :
Fatalité, Théodore et Léontine près du cadavre de
M. O'Felly.

— *Portraits et Paysages*, par Philarète Chasles, in-8,
v. gravée par Cherrier.

1833. — *Le Cheveu du Diable*, par H. Berthoud,
Mame-Delaunay, in-8, 2 vol., deux vign. gravées
par Porret. — 1º Le diable tenant un homme par un

cheveu au bord d'un abîme ; 2° Laure Lelaurier dé-
chevelée regardant par la fenêtre de sa prison, publiée
dans l'*Artiste*.

— Vignette en tête du journal la *Romance*, gravée par
Porret, publiée par l'*Artiste*.

— *Légendes françaises*, par Edouard d'Anglemont,
Mame-Delaunay, frontispice gr. par Porret.

— *Vertu et tempérament*, par P. L. Jacob, Renduel,
2 vol. in-8, deux vignettes gr. p. Porret.

— *Indiana*, par G. Sand, 4ᵉ édition, Ch. Gosselin, 2
vol. in-8, deux vignettes (Chine), gr. p. Cherrier et
Porret, impr. d'Everat.

— *Valentine*, par G. Sand, 3ᵉ édition, même éditeur,
2 vol. in-8, deux vignettes gr. par Brevière et Porret,
Everat impr.

— *Les Ombrages*, par G. Drouineau, in-8, un v., Ch.
Gosselin, charmante vignette. — Un jeune homme
brûle une lettre à la bougie devant une jeune femme
assise à droite qui le regarde avec étonnement ; costume de 1789.

— *Une heure trop tard*, par A. Karr, Ch. Gosselin, 2
vol. in-8, 2 vignettes.

— *Les Ecorcheurs*, par d'Arlincourt, 2 vol. in-8, Renduel, deux vignettes ; gr. p. Porret.

— *Eccelenza*, par Roger de Beauvoir, vignette-frontispice gr. p. Brevière.

— *Raoul de Pellevé*, par le comte de Pastoret, 2 vol.
in-8, Renduel, deux vign. gr. par Porret.

1834. — Vignette pour l'*Autopsie*, nouvelle d'Amédée
Pichot (réimprimée dans le *Perroquet de Walter
Scott*), publiée par la *Revue de Paris*, tome XXXIV.

—*Une âme en peine*, par A. Kermel, Levavasseur édit.,
1 vol. in-8, vignette gravée par Lacoste aîné: Une
jeune fille à genoux faisant des aveux à sa mère assise
à droite (rare).

ALFRED JOHANNOT.

— Vignette, frontispice pour les *Harmonies poëtiques*
de Lamartine. Ch. Gosselin, 183o, in-8o, 2 vol., gravée par Porret.

— *La Première communion*, par E. J. Delécluze. Gosselin, 1836, in-12, vignette sur Chine gr. par Porret.

— *Les Pleurs*, poësies par Mme Desbordes-Valmore.
Charpentier, 1833, in-8o, frontispice gravé sur acier
par Mauduit.

J. GIGOUX.

— *Les Tours de Monthléry*, par Viennet, deux vol.
in-8o, deux vignettes gravées sur pierre.

— *Une Grossesse*, par Jules Lacroix. Renduel, 1832, in-8°, 2 vol.

— *Chapelle-Musique des Rois de France*, par Castil-Blaze. Fournier, 1830, in-12, vignette sur Chine.

— *Poësies du cœur*, par Mme Mélanie Waldor. L. Janet, 1835, in-8, vignettes, frontispice gr. sur bois.

— Voir plus haut *La Strega*, par E. Fouinet et *Champavert*, par P. Borel.

CÉLESTIN NANTEUIL.

— *Venezia la Bella*, par Alphonse Royer. Eug. Renduel, 1833, 2 vol. in-8°; deux vignettes frontispice eau-forte, t. Ier; la Gondole, encadrement à compartiment, vues de Venise, etc.; t. II : Jeune fille morte dans une bière ouverte; encadrement.

— *Samuel*, par Paul de Musset. Renduel, 1833, in-8° frontispice eau-forte, une des plus belles eau-fortes de M. Nanteuil : Scène de nuit du xive chap.; Samuel entre Jeanne et Juliette. La toilette de Juliette est curieuse. Dans le coin à gauche, par la fenêtre ouverte on entrevoit la lune. Signé Célestin Nanteuil, 1833.

— *La Bédouine*, par B. Poujoulat. A. Pougin, édit., 1835, 2 vol. in-18; deux vignettes eau-forte.

— Eau-forte pour *Dinah la Juive*, nouvelle publiée dans l'*Artiste*, 1833.

— *Le bord de la coupe*, poësies par C. Chaudesaignes. Werdet, 1835, in-18 ; frontispice eau-forte.

— Frontispice eau-forte pour le *Balcon de l'Opéra*, par Joseph d'Ortigue. Renduel, in-8°, 1833.

— *Griselidis*, poëme dramatique, par F. Halm, traduit de l'allemand par Millenet, de Gotha. Curmer, 1840, in-12 ; vignette sur bois, gr. par Porret.

— Voir ci-dessus les articles Victor Hugo, Alexandre Dumas, Petrus Borel, Théophile Gautier ; on peut ajouter à cette liste, de nombreuses vignettes données par M. C. Nanteuil, de 1831 à 1835 dans le *Monde dramatique* de Gérard de Nerval, notamment le décor du premier tableau des *Esmeralda*, opéra de MM. L. Bertin, une scène du *Don Juan d'Autriche* de Casimir Delavigne M. Nanteuil a fait encore une très-belle eau-forte pour le prospectus des *Bals de nuit de l'Opéra comique en* 1833.

SOLEIL COUCHÉ.

Sonnet-Epilogue.

Que le Soleil est beau quand tout frais il se lève,
Comme une explosion nous lançant son bonjour !
— Bienheureux celui-là qui peut avec amour
Saluer son coucher plus glorieux qu'un rêve !

Je me souviens... J'ai vu tout, fleur, source, sillon,
Se pâmer sous son œil comme un cœur qui palpite..
Courons vers l'horizon ; il est tard, courons vite,
Pour attraper au moins un oblique rayon !

Mais je poursuis en vain le Dieu qui se retire :
L'irrésistible Nuit établit son empire,
Noire, humide, funeste et pleine de frissons ;

Une odeur de tombeau dans les ténèbres nage,
Et mon pied peureux froisse, au bord du marécage,
Des crapaux imprévus et de froids limaçons.

CHARLES BAUDELAIRE.

Arras, typographie de H. Schoutheer.

ERRATA

TABLE DES MATIÈRES

FIN DE LA TABLE

www.ingramcontent.com/pod-product-compliance
Lightning Source LLC
Chambersburg PA
CBHW070814270326
41927CB00010B/2414